JUAN C. RUEDA

CICLOS DEL TIEMPO

BASE *del* TRADING

A la memoria de mi abuelo
Gustavo Rueda Prada

TABLA DE CONTENIDO

TABLA DE ILUSTRACIONES

PREFACIO

La siguiente es una guía introductoria, con la información básica necesaria, en conceptos generales de *Trading*, para empezar a operar de manera rentable; subrayando inicialmente los diferentes ciclos del tiempo en la historia, como antesala para esta actividad.

"A continuación les presento las Notas de algunas clases y experiencias, junto con ciertos apuntes que me han parecido interesantes."

1. LOS PILARES DEL TRADING

Luego de leer y estudiar unos cuantos libros y cursos sobre el Trading, se pude apreciar que la mayoría convergen en tres pilares estructurales, como soporte conceptual y psicológico, de la estrategia que todo operador debe tener, si desea dedicarse de manera exitosa a esta profesión:

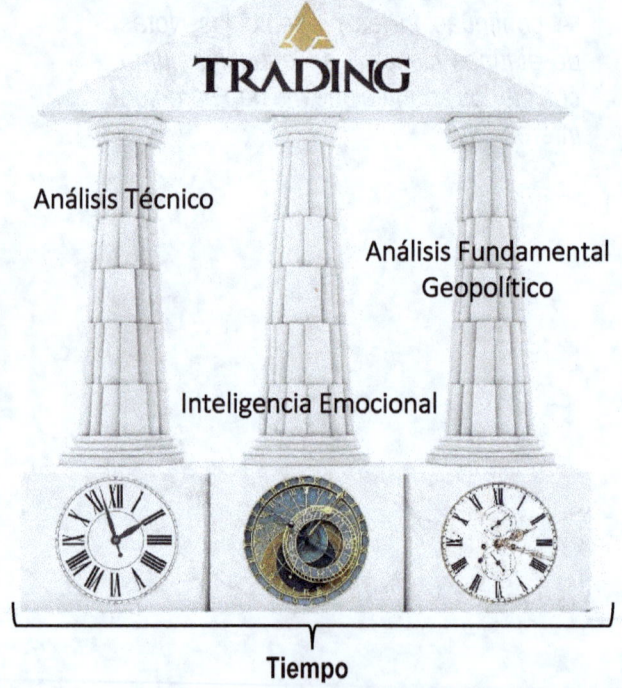

Ilustración 1: Los Tres Pilares del Trading basados en el Tiempo

1.1. Análisis Técnico.

El análisis técnico es una de las herramientas más utilizadas en el trading. Consiste en estudiar y analizar gráficos de precios, patrones y tendencias históricas de un activo para prever su comportamiento futuro. Uno de los pioneros en este campo es Charles Dow, fundador del famoso índice Dow Jones y creador de la Teoría de Dow. Dow afirmó: "La acción del precio refleja todas las noticias, rumores y percepciones del mercado. No es necesario conocer las razones subyacentes de los movimientos del mercado, solo los patrones en los gráficos".

Otro autor influyente en el análisis técnico es Steve Nison, considerado el "padre de las velas japonesas". Su libro "*Japanese Candlestick Charting Techniques*" revolucionó el análisis de gráficos y patrones de velas, proporcionando una mayor comprensión de la psicología detrás de los movimientos del mercado.

1.2. Análisis Fundamental y Geopolítico.

El análisis fundamental se basa en evaluar el valor intrínseco de un activo, estudiando factores como ingresos, ganancias, dividendos, balances y perspectivas de la empresa. Benjamin Graham, considerado el "padre del análisis fundamental", escribió en su famoso libro "El inversor inteligente": "En el corto plazo, el mercado es una máquina de votar, pero en el largo plazo, es una balanza que pesa los hechos".

El análisis geopolítico, por otro lado, implica evaluar cómo los eventos y decisiones políticas a nivel mundial pueden afectar los mercados financieros. George Soros, uno de los inversores más exitosos en la historia, ha hablado ampliamente sobre cómo la comprensión de los aspectos geopolíticos es esencial en su enfoque de inversión.

Un ejemplo ilustrativo, de la importancia de conocer la geopolítica y tener sangre fría, puede verse en el caso de uno de mis compañeros, quien, sin conocimiento de análisis técnico, invirtió de manera exitosa en Trigo y Acero, tras el inicio de la invasión rusa en Ucrania en 2022. Al estar consciente de que Ucrania era uno de los principales productores de estos commodities, previó que el conflicto disminuiría inmediatamente su oferta, lo que llevó al alza de los precios. Esta situación demuestra cómo la comprensión del contexto geopolítico y la capacidad de mantener la calma en situaciones de incertidumbre pueden llevar a decisiones acertadas.

1.3. Inteligencia Emocional.

La inteligencia emocional es crucial para el éxito en el trading, ya que los operadores están expuestos a situaciones de alta presión y volatilidad. Daniel Kahneman, premio Nobel de Economía, ha destacado la importancia de la inteligencia emocional en la toma de decisiones financieras. Su investigación mostró cómo los sesgos cognitivos y las emociones pueden llevar a decisiones irracionales en los mercados.

En su libro "Trading en la zona", Mark Douglas explora cómo el control de las emociones es esencial para lograr una mentalidad adecuada en el trading. Douglas afirma: "La comprensión y el control de nuestras emociones es la clave para el éxito en el trading".

Algunos analistas han demostrado habilidades excepcionales al operar con tan solo dos de estos pilares, realizando verdaderas proezas de malabarismo. Sin embargo, es importante destacar que, cuando se carece del tercer pilar, puede resultar inútil ser un experto tecnócrata si, en un momento de euforia o pánico, se arriesga todo o gran parte del capital. La combinación de estos tres pilares: análisis técnico, fundamental y geopolítico, junto con la inteligencia emocional, es lo que verdaderamente soporta a un trader exitoso y sostenible, tal como lo menciona el famoso inversor Warren Buffett, "El conocimiento es poder en el mercado. El conocimiento correcto y bien aplicado es una habilidad". Tener un enfoque equilibrado y bien fundamentado en estos tres aspectos puede marcar la diferencia entre el éxito y el fracaso.

1.4. Tiempo, Variable Omnipresente.

Si bien los tres pilares: análisis técnico, fundamental geopolítico y la inteligencia emocional, son ampliamente considerados como la estructura del éxito en el trading, es importante reconocer que todos estos están soportados sobre una base implícita que está en todas partes: **el Tiempo.**

Ilustración 2: 3 Pilares

Como menciona el famoso trader y autor Jesse Livermore en su libro "*How to Trade in Stocks*", "El tiempo es el factor más importante en determinar el éxito o el fracaso de un comerciante". **El tiempo es omnipresente** en todas las etapas del proceso de trading y afecta totalmente la toma de decisiones.

El análisis técnico y el fundamental no solo buscan entender los gráficos y fundamentos económicos, también la interpretación, de cómo el tiempo influye en el comportamiento del mercado. Richard Wyckoff, un influyente analista y trader, enfatizaba la importancia de analizar la duración y ritmo de los movimientos de los precios en los gráficos para comprender mejor la psicología del mercado.

El tiempo en el trading también se vincula con el manejo de la paciencia y, por ende, de la inteligencia emocional. La paciencia es una virtud necesaria para los traders, ya que no todas las oportunidades son inmediatas. Alexander Elder, en su libro "Vivir del trading", destaca la importancia de esperar el momento adecuado para entrar en una operación y evitar operar impulsivamente debido a la ansiedad o el aburrimiento.

En el trading, cada momento cuenta. Los precios de los activos financieros cambian constantemente y las oportunidades pueden surgir y desaparecer en cuestión de segundos. Los *traders* deben ser capaces de tomar decisiones rápidas y bien fundamentadas para aprovechar las oportunidades del mercado. No solo se trata de saber qué hacer, sino cuándo hacerlo.

2. HUELLAS EN EL TIEMPO

Salvo Contadas excepciones, es una tendencia general que las potencias emergentes, durante su proceso de expansión y consolidación como imperio, tiendan a borrar los vestigios y rastros de la cultura previa dominante. Este patrón se ha repetido a través del tiempo, por lo que el desarrollo de nuestra civilización como especie, no ha sido propiamente una línea recta ascendente, sino una zigzagueante, llena de subidas y retrocesos. Al rememorar la historia, ejemplos como la destrucción de Cartago y la Biblioteca de Alejandría por parte de Roma, o Tenochtitlan por los conquistadores españoles vienen a la mente. Así mismo, en los últimos 200 años, los hispanos han visto como algunos historiadores nórdicos han distorsionado y minimizado su verdadero legado, pues como bien se dice, "la historia suele ser contada por los vencedores".

Precisamente debido a estas dinámicas, para un estudio histórico objetivo, es un desafío obtener fuentes históricas totalmente confiables. No obstante, hay huellas que resisten el paso del tiempo y la manipulación. Al observar el mundo desde el espacio, algunos rastros humanos son visibles, como las pirámides en Egipto, la deforestación en el Amazonas o las luces y gases en el hemisferio norte. De igual forma, en la historia, **el idioma y la moneda** se erigen como unas de las marcas más profundas que deja un imperio para las futuras generaciones.

2.1. La Lengua

Al examinar las principales lenguas nativas, podemos identificar cuatro grupos que emergen con preeminencia a nivel global en los últimos mil años, cada uno representando el impacto histórico, cultural, económico y geopolítico, de los estados que las difundieron, estos grupos en orden de hablantes nativos son: Las lenguas chinas, ibéricas, anglo sajonas y árabes.

- **Mandarín y cantonés.**

El mandarín y cantonés, mutuamente inteligibles, ocupan el primer lugar como lenguas nativas, debido a que son habladas por la etnia han, que constituye cerca del 91% de la población china, con 1400 millones de habitantes, lo cual evidencia el protagonismo que tuvo esta cultura oriental, en todos los ámbitos, durante la primera mitad del milenio pasado e inicios del segundo.

- **Lenguas Ibéricas.**

Las lenguas ibéricas, español y portugués, también inteligibles y derivadas del latín, se destacan como las segundas lenguas nativas más habladas a nivel mundial, sumando cerca de 800 millones de hablantes en América Latina, Europa, África y Oceanía, prueba del protagonismo ibérico por más de 300 años, desde el descubrimiento del continente americano.

- **Inglés.**

El inglés, principalmente de raíces germánicas y con cerca de un 20% de influencia romance, se posiciona como la tercera lengua nativa más hablada, con aproximadamente 375 millones de hablantes. No obstante, se estima que actualmente más de 1500 millones de personas, en todo el mundo, tienen algún nivel de competencia en este idioma, debido al innegable liderazgo actual anglosajón, por más de dos siglos y que probablemente continúe teniendo por un buen par de décadas.

- **Árabe.**

La lengua árabe, de raíces semitas, ocupa el cuarto puesto entre las lenguas nativas más habladas a nivel global, con aproximadamente 320 millones de hablantes, extendiéndose por un vasto territorio en el Oriente Medio y norte de África. Gracias a su papel como lengua sagrada del islam, ha dejado una profunda huella en la historia, cultura y religión. La influencia del árabe no se limita únicamente a sus hablantes nativos; también ha dejado su marca en el turco, persa, urdu, swahili, malayo y kurdo, entre otras lenguas regionales mayoritariamente islámicas. El árabe ha tenido igualmente una influencia significativa en las lenguas ibéricas, aportando cerca del 10% de su vocabulario, durante más de siete siglos de ocupación musulmana en la península.

2.2. La Moneda

Las monedas más allá de ser simples objetos de intercambio, encapsulan los momentos cruciales de la humanidad y las huellas de las sociedades que las acuñaron, siendo un testimonio innegable del impacto de un imperio en la historia, al analizar la expansión económica alcanzada por su divisa, en cuanto su capacidad de trazabilidad y circulación dentro del globo terráqueo. Adoptando esta perspectiva panorámica, es posible identificar las principales monedas o divisas que han reflejado las transformaciones y los hitos a lo largo de los últimos mil años, otorgándonos una ventana al pasado y a las dinámicas geopolíticas y económicas de cada época. Las siguientes son las principales divisas o monedas en el último milenio:

2.2.1. El Dinar Abasí

Ilustración 3 Dinar Abasí

El Dinar Abasí fue la moneda de oro más importante durante la Edad Media, emitida por el califato abasí entre el siglo VIII y siglo XIII, uno de los imperios más poderosos de la época. El dinar abasí se utilizaba en todo el mundo islámico e incluso algunas partes *de Europa y el lejano oriente.*

Etimológicamente, la palabra "Dinero" proviene del "Dinar" Abasí.

2.2.2. Monedas de Plata de la dinastía Ming

Ilustración 4: Moneda Ming

Las monedas de plata acuñadas durante la dinastía Ming en la antigua China circularon a lo largo de la primera mitad del milenio pasado y resplandecen como testigos del indiscutible peso que ostentaba la antigua China en el escenario global. Su influencia se extendía por vastas rutas comerciales, especialmente la Ruta de la Seda.

2.2.3. Real de 8 escudos

Ilustración 5: Real de 8 Escudos español

El Real de 8 escudos o dólar español evoca la grandiosidad y alcance del imperio español durante casi tres siglos, a partir del descubrimiento de América. La trascendencia de esta moneda se entrelaza con la vastedad de los territorios conquistados y colonizados por España, simbolizando el poderío económico y político que caracterizó a esta potencia europea en una época marcada por la expansión global y los descubrimientos.

2.2.4. Libra Esterlina

Ilustración 6: Libra esterlina británica

La libra esterlina británica emerge como una figura preeminente, representando la fortaleza y el dominio del Imperio Británico en diferentes momentos de su historia. Desde la Revolución Industrial hasta la era de los imperios coloniales, la libra esterlina fue un pilar financiero que refleja la influencia económica y la estabilidad de la nación británica. Este legado perdura como un recordatorio tangible de la ascendencia británica en la escena global.

2.2.5. El Dólar

Ilustración 7: Dólar estadounidense

El dólar estadounidense se ratifica y consolida después de la Primera Guerra Mundial como la moneda más fuerte a nivel mundial, mantenido este estatus hasta el presente, como moneda de reserva global, vinculándose con la proyección mundial del poder económico, tecnológico y político de los Estados Unidos de América, evidente en el comercio internacional y los mercados financieros actuales.

2.3. Ordenes Mundiales o Grandes Ciclos

"El paso del tiempo, como las olas, va borrando lo que alguna vez estuvo grabado en las arenas, de la ambición de los imperios".

2.3.1. Análisis geopolítico: Péndulo del poder

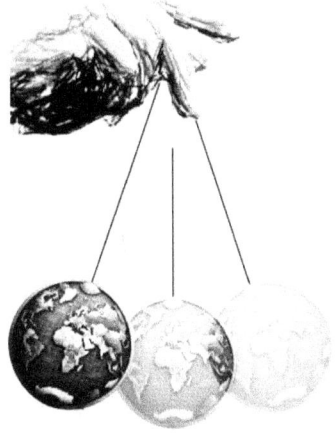

El análisis geopolítico es una brújula que nos guía a través del laberinto de los acontecimientos globales, en la que se discierne la interacción entre la política y la economía. Las decisiones de los gobiernos repercuten en todos los continentes, moldeando los mercados financieros e influyendo en el destino de los imperios. A medida que cambian los vientos geopolíticos, las monedas suben y bajan, reflejando las mareas del poder.

"En el tablero de ajedrez geopolítico, cada movimiento afecta el futuro de las economías y rediseña los contornos del orden mundial".

El análisis geopolítico evalúa cómo la economía y por ende los mercados financieros, podrían verse afectados por los acontecimientos globales y las decisiones políticas de los diferentes gobiernos. El análisis técnico, por su parte, implica el estudio de gráficos de precios de activos, patrones históricos y análisis de tendencias, para predecir su comportamiento futuro.

2.3.2. Análisis técnico: trazando los ciclos de los imperios

El análisis técnico es similar a un antiguo astrónomo que mapea patrones celestes, descifrando la intrincada danza de los precios de los activos. Los gráficos, patrones y tendencias históricas sirven como constelaciones que nos guían a la hora de predecir el futuro.

Partiendo de estas premisas, podemos entonces evaluar el comportamiento de un imperio o civilización como el de una gran empresa dentro de un mercado global, utilizando las mismas herramientas del análisis técnico para poder graficar sus diferentes etapas o ciclos en la historia.

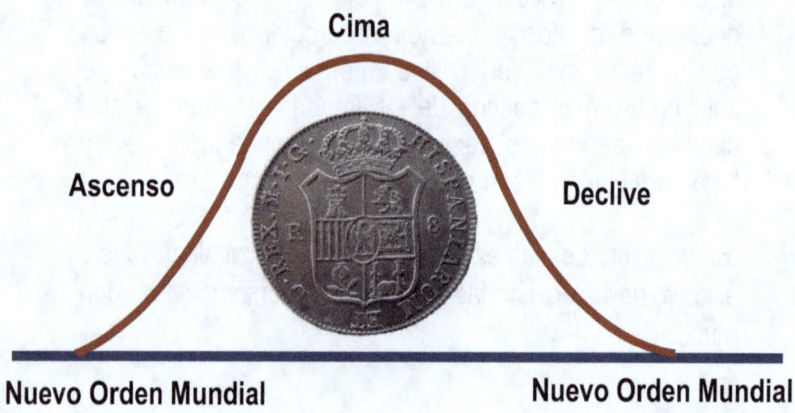

Ilustración 8: Ciclos de un Imperio

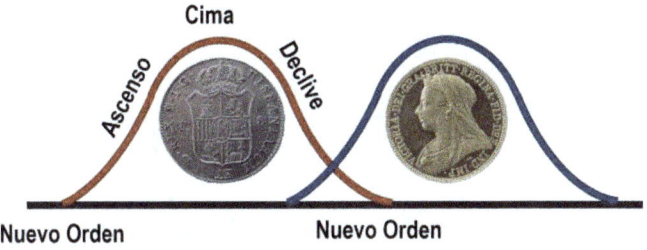

Ilustración 9: Ciclos de los Imperios

En la construcción de los siguientes ciclos se tuvieron en cuenta los principales aspectos de un imperio o civilización, como protagonista dentro del orden mundial, desde el punto de vista de su influencia, impacto y alcance cultural, económico y geopolítico a nivel global, durante un espacio considerable de tiempo, teniendo más peso su huella para la posteridad, que su capacidad y poderío militar en algún momento específico de su historia.

Ilustración 10: Ciclos de las Principales Monedas en el último milenio.

3. CICLO ORIENTAL / LA RUTA DE LA SEDA

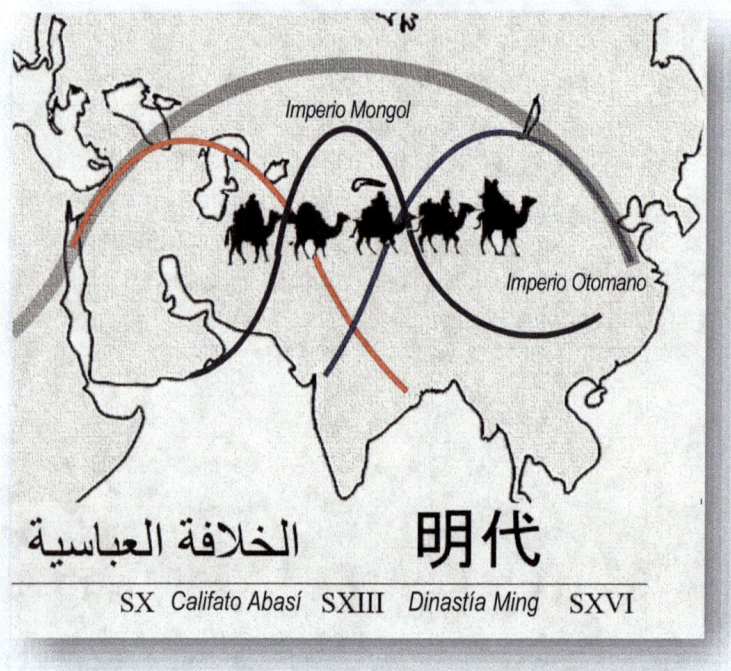

Ilustración 11: Ciclo Oriental / Ruta de la Seda

3.1. El Imperio Abasí

El califato abasí, con epicentro en Bagdad, se estableció en el año 750 y floreció como imperio por más de quinientos años, en los que se destacó tanto por sus conquistas militares y avances culturales, como por su sistema económico y monetario, donde su moneda, el dinar abasí desempeñó un papel crucial en la economía y el comercio global de ese entonces, difundiéndose desde la Península Ibérica hasta Persia y el lejano oriente.

La consistencia en la calidad y el contenido de oro del dinar abasí, respaldado por la sólida administración económica del califato, contribuyó enormemente a su éxito como moneda de reserva y medio de comercio mundial, en el que no solo era valioso por su contenido en metal precioso, sino también por el mensaje político y cultural que transmitía, llevando inscripciones en árabe que reflejaban la fe islámica y la autoridad del califa.

Este esplendor económico y cultural no duró para siempre. A medida que el califato abasí se enfrentó a fuertes desafíos internos y amenazas externas.

Ilustración 12: Toma e incendio de Bagdad en 1248

El crecimiento del imperio mongol desde oriente, disminuyó la influencia abasí gradualmente, hasta la toma e incendio de Bagdad en 1248 por parte de los ejércitos mongoles de Hulagu Kan, nieto de Gengis Kan.

3.2. El Efecto dominó del Gran Khan

Genghis Khan nació alrededor del año 1162 AC en la región de la actual Mongolia, fundando el **Imperio Mongol**, el tercero más extenso en territorios conquistados, que se ha visto hasta nuestros días, con una superficie de más de 24 millones de kilómetros cuadrados, cambiando para siempre el orden geopolítico mundial y generando un efecto dominó en la historia, que incluso continuó resonando varios siglos después de su muerte.

Ilustración 13: Imperio Mongol 1248

El Gran Khan fue un extraordinario estratega, cuyo imperio, gracias a sus avanzadas técnicas ecuestres y manejo del arco compuesto, sorprendió a un mundo que aún no estaba preparado para semejante despliegue militar, logrando conquistar gran parte de Asia Central, incluyendo vastas extensiones de la actual China, Rusia, Irán y Europa Oriental.

La captura de ciudades como Samarcanda y Bujará, en la Ruta de la Seda, consolidaron aún más el control mongol sobre el comercio, principal fuente de riqueza. En el frente oriental, en China los mongoles derrotaron a la Dinastía Song y establecieron la Dinastía Yuan, fusionándose con su cultura, dejando así una profunda y eterna huella en su historia.

En el medio oriente cambiaron por siempre el equilibrio de la región, dando la estocada final al Imperio Abasí con la toma de Bagdad; en su extremo occidental invadieron Rusia, llegando incluso hasta Hungría y Polonia.

La enorme expansión mongola generó una serie de migraciones y desplazamientos poblacionales a nivel global. A medida que avanzaban obligaron a numerosos pueblos a buscar refugio y tierras más allá de las zonas conquistadas. Esta diáspora tuvo efectos a largo plazo, ya que reconfiguraron las poblaciones y las estructuras sociales en diferentes partes del mundo.

3.3. El Imperio Otomano

Dentro de las consecuencias más notables de las conquistas mongolas fue el desplazamiento de muchos pueblos túrquicos de las estepas. Esta migración forzada de los turcos hacia regiones occidentales y orientales tuvo enormes repercusiones, como el establecimiento de algunas ramas de los turcos Oguz en la península de la Anatolia, donde décadas después fundarían el **Imperio Otomano**, que desempeñaría un papel crucial en la geopolítica europea y asiática durante siglos, llegando a disputar el primer puesto como potencia mundial con la Dinastía Ming, durante el sultanato de **Solimán el Magnífico**.

La expansión de los turcos otomanos continuó el efecto dominó iniciado por el Gran Khan siglos atrás, con su respectiva invasión del Imperio Romano de Oriente, también conocido como el Imperio Bizantino.

Tras la cruenta toma de Constantinopla en 1453, los turcos bloquearon la ruta de la seda que conectaba Europa y Asia, obligando a los europeos a buscar nuevas rutas comerciales hacia el este, ¡lo que condujo a la era de los descubrimientos!

Ilustración 14: Caída de Constantinopla, 1453

3.4. La Dinastía Ming

La Dinastía Ming abarcó desde el año 1368 hasta 1644, en sus primeros siglos se erigió como la principal potencia económica mundial, seguida por el **Imperio Otomano** a partir de 1453. Mantuvo su supremacía hasta la segunda mitad del siglo XVI, en la que finalmente fue superada por el **Imperio Español**. Este período en la historia china se caracterizó por un crecimiento económico excepcional, innovaciones agrícolas revolucionarias y notables avances en el ámbito comercial.

Los primeros siglos de la dinastía Ming marcaron un auge económico sin precedentes, donde China floreció como sociedad altamente productiva y tecnológicamente avanzada. La inversión en infraestructuras, como el Gran Canal, cimentó la conectividad interna y el comercio a lo largo y ancho del imperio. La porcelana, la seda y otros productos chinos se convirtieron en bienes codiciados en todo el mundo, generando una corriente constante de comercio, base de gran parte de la riqueza y prestigio de la dinastía.

La innovación agrícola fue otro factor crucial que impulsó la prosperidad durante la dinastía Ming. La introducción de nuevos cultivos ayudo a diversificar la producción y contribuyó a la seguridad alimentaria, factor fundamental para el progreso, que, unido al desarrollo de técnicas agrícolas avanzadas, como la rotación de cultivos y el uso eficiente del estiércol, aumentaron los rendimientos y sustentaron la expansión de la población del imperio.

El comercio también se convirtió en un componente vital de la economía de la dinastía Ming. Durante este período, China estableció vínculos comerciales con naciones de Asia, África y Europa, a través de la famosa Ruta de la Seda marítima. El renombrado explorador Zheng He lideró expediciones navales que expandieron la influencia china y consolidaron su posición como principal potencia global.

Sin embargo, a finales del siglo XVI, la dinastía Ming vio su dominio económico ceder terreno ante el emergente poder del imperio español, que empezó a acumular riquezas provenientes de sus nuevas colonias en América, con grandes descubrimientos que cambiarían por completo el orden mundial hasta entonces conocido.

En las minas del Potosí del Alto Perú, se encontró más plata que toda la circulante a nivel global en el siglo XVI, dando un gran poder a España en la economía mundial.

Ilustración 15: Minas de Plata del Potosí en el Alto Perú 1540

En este caso, el orden económico y geopolítico no cambiaría por la destrucción de una gran metrópoli o batalla entre enormes ejércitos, sino por una gran inflación y posterior dependencia de la dinastía Ming de la plata española, teniendo en cuenta que la mayoría de monedas eran acuñadas en ese mineral.

3.5. Otros Actores

Indiscutiblemente existieron más actores importantes dentro de este ciclo de tiempo, subrayando el **Imperio Romano de Oriente**, que si bien tuvo un rol protagónico a comienzos de la edad media, no se incluyó dentro de los principales, puesto que había iniciado ya un proceso de declive significativo a inicios del milenio en estudio, terminando de decaer con la toma y saqueo de Constantinopla por parte de sus propios "aliados europeos" en la cuarta cruzada, abonando así el terreno para la incursión de nuevos invasores en todos sus frentes.

Durante la edad media u oscurantismo, el rol de Europa fue secundario en la economía mundial, teniendo un cierto grado de protagonismo o antagonismo militar, dependiendo del lado en que se analice la historia, durante las cruzadas, que finalmente no pudieron cumplir sus objetivos. Las deplorables condiciones de higiene y salubridad europeas fueron terreno fértil para la proliferación de la peste bubónica, que asoló sus centros urbanos más poblados en el siglo XIV y acabo con cerca de la mitad de su población.

4. CICLO OCCIDENTAL / UN MUNDO MÁS GRANDE

| Desc. América | Reforma Protestante | Desc. Potosí | Batalla de Lepanto | | Paz de Westfalia | | Gr. Sucesión Española | Gr. de los 7 años |
| 1492 | 1517 | 1540 | 1571 | | 1648 | | 1701-14 | 56-63 |

Imperio Español

Imp. Germánico

Imperio Neerlandés

Imp. Otomano

Dinastía Ming

Imp. Portugués

Portugal

Francia

Inglaterra

Unión Coronas Portugal y España

Unión Imperios Germánico y Español

Indep. Países Bajos

Indep. Portugal

Imp. Ruso

| | 1530 | 1580 | | | 1648 | 1668 | 1721 |

SXVI   SXVII   SXVIII

1497

Real de 8 Escudos (dólar español)

Talero (Thaler)

Écu   Gu

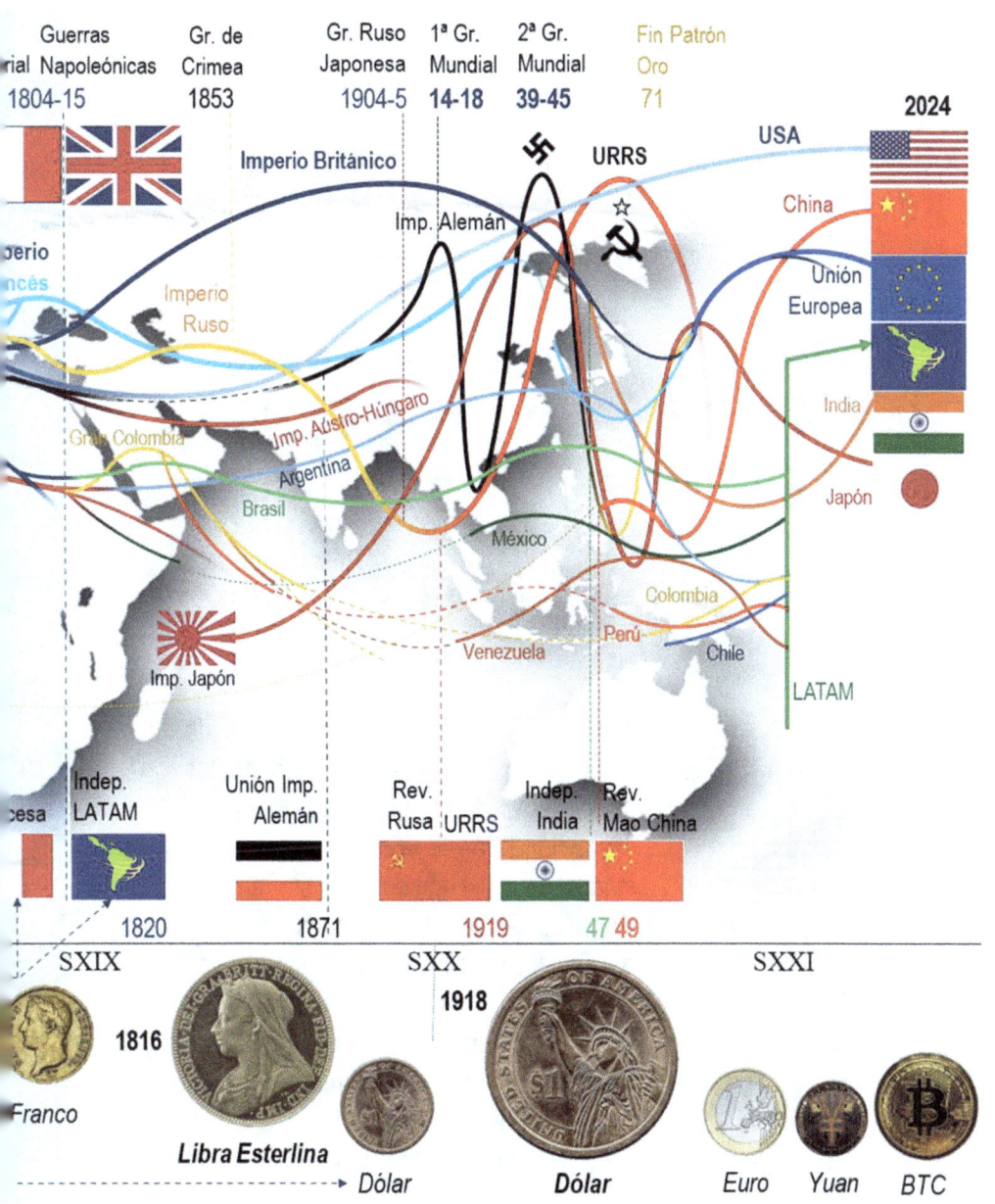

Guerras
rial Napoleónicas
1804-15

Gr. de
Crimea
1853

Gr. Ruso
Japonesa
1904-5

1ª Gr.
Mundial
14-18

2ª Gr.
Mundial
39-45

Fin Patrón
Oro
71

2024

Imperio Británico

USA

Imp. Alemán

URRS

China

perio
ncés

Imperio
Ruso

Unión
Europea

India

Gran Colombia

Imp. Austro-Húngaro

Argentina

Brasil

México

Japón

Colombia

Venezuela

Perú

Chile

LATAM

Imp. Japón

esa
LATAM

Indep.
LATAM

Unión Imp.
Alemán

Rev.
Rusa URRS

Indep.
India

Rev.
Mao China

1820

1871

1919

47 49

SXIX

SXX

SXXI

1816

1918

Franco

Libra Esterlina

Dólar

Dólar

Euro

Yuan

BTC

4.1. Ciclo Occidental / Parte I – Imperios Ibéricos

I.   Dinastía Ming

II.   Imperio Otomano

III. Reinos de Castilla y Aragon

IV.   Casa Habsburgo de Austria

V.   Francia

VI.   Inglaterra

VII. Reino de Portugal

Haciendo un acercamiento al extremo izquierdo del gráfico anterior, vemos que este era el orden mundial en el año de 1492, donde los reinos unidos, de los Reyes Católicos, Isabel de Castilla y Fernando de Aragón, emergen tras dos sucesos que cambiarían la historia del mundo para siempre: la Reconquista de Granada y el **Descubrimiento de América**.

Tras la toma de Constantinopla, en 1453, los reinos de Europa Oriental venían de sufrir varias derrotas en los Balcanes contra el Imperio Otomano, perdiendo gran parte de su territorio. La expansión turca llega a afectar incluso al mismo Imperio Austriaco de los Habsburgo, heredero del Sacro Imperio Romano Germánico, ubicado en el centro de Europa. El Emperador Maximiliano I de Austria y los Reyes Católicos sellan en 1496 una alianza, para frenar al invasor, casando a sus hijos, Juana de Aragón y Felipe de Habsburgo, unión que daría a luz en 1500, más que a un Emperador, Carlos I de España (V de Alemania), al hacedor de un Imperio que duraría más de 3 siglos: El Imperio Español.

4.1.1. Cronología de 1492 a 1580.

	Evento	Descripción
1492	Reconquista de Granada	La toma de Granada marcó el final del proceso de Reconquista, con la caída del último reino islámico en la Península Ibérica.
1492	**Descubrimiento de América**	La llegada de Cristóbal Colón a América da inicio al proceso de exploración y colonización europea del continente
1517	**Reforma Protestante**	Martín Lutero desencadena la Reforma Protestante al publicar sus 95 tesis en Wittenberg, generándose muchas guerras religiosas por toda Europa.
1530	Emperador Carlos V	Unión de la Corona Española y la Casa Habsburgo de Austria.
1540	**Descubrimiento Minas de Plata del Potosí en Alto Perú.**	Los Conquistadores Españoles encuentran, en el Alto del Potosí, yacimientos de plata, con mayor cantidad que toda la hasta entonces circulante a nivel global.
1571	Batalla de Lepanto	Victoria naval de la Liga Santa, liderada por España, contra la flota otomana, frenando su expansión en el Mediterráneo.
1580	**Unión Ibérica**	Unión de las Coronas de España y Portugal por medio del matrimonio de Felipe II y María I de Portugal.

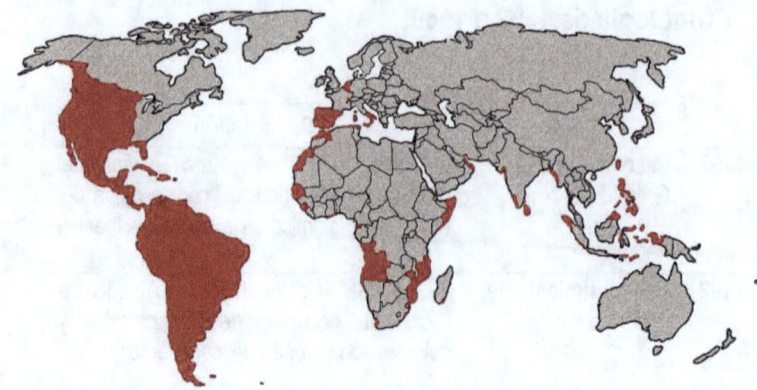

Ilustración 16: Imperio Ibérico de 1580

A partir de la **Unión Ibérica**, por medio del matrimonio de Felipe II y María I de Portugal, en el año de 1580, el imperio alcanza su máxima extensión territorial, y la mayor alcanzada por cualquier otro imperio en la historia de la humanidad, de 35,14 millones de km², superando al imperio mongol, cuya máxima extensión fue de 24,07 millones de km² y al imperio británico con 33,71 millones de km².

4.1.2. Reforma Protestante

Sobre la fértil tierra de un occidente emergente por los descubrimientos, en el año de 1517, sembraría Martín Lutero, una semilla de cambio, que se esparciría por todos los rincones de Europa: **La Reforma Protestante**.

La reforma indudablemente marcó un punto de inflexión en la historia religiosa y política, del ahora "viejo continente", llevando tanto a la creación de nuevas vertientes cristianas, desligadas de Roma, como a la propia auto reforma, dentro del catolicismo, obligándole a adaptarse a los nuevos desafíos planteados, subrayando el **acceso a la educación**, el cual logró llegar, a partir de estos cambios, a un público más amplio, enfatizando la importancia de la alfabetización, base del **Renacimiento Occidental.**

Ilustración 17:
Thaler alemán

Esta reforma vendría acompañada de un "personaje" secundario durante el SXVI, cuyo peso iría creciendo gradualmente hasta hacerse bastante visible a partir de la segunda mitad del SXVII: El Thaler (Talero alemán), cuyo nombre es una abreviación del gentilicio de la ciudad bohemia de Joachimsthaler, donde fue acuñado en plata por primera vez, en el año de 1518. Eclipsado eternamente por el gigantesco peso del Real de 8 escudos y luego, de la Libra Esterlina, el Thaler nunca reinaría en la economía, pero sentaría las bases del Dólar que nos gobierna hoy en día.

4.1.3. El Gran Potosí

En el año de 1540, el descubrimiento de las minas de plata en Potosí, ubicadas en el Alto Perú, fue un evento de gran magnitud, relevancia e impacto en la historia económica y geopolítica global durante el siglo XVI, que cambiaría para siempre el orden mundial hasta entonces establecido.

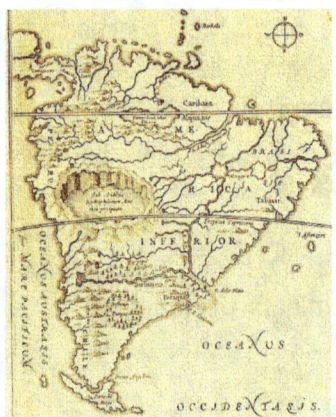

La cantidad de plata extraída de estas minas superaba con creces toda la plata circulante a nivel mundial, dando lugar a que España se convirtiera en el principal productor de este mineral y, por ende, en una potencia económica de proporciones nunca antes vistas.

Teniendo en cuenta que mundialmente, y especialmente en las primeras potencias, la mayoría de monedas eran acuñadas en plata, el Gran Potosí se convertiría en el epicentro y columna vertebral de la economía mundial por cerca de tres siglos.

Ilustración 18: Moneda de Plata Otomana

Las dinastías Ming y el Imperio Otomano se volvieron altamente dependientes de la plata española para mantener en funcionamiento sus economías, haciéndolos sumamente vulnerables a las fluctuaciones económicas del mineral, en que tenían sus principales reservas, en especial a las presiones inflacionarias o deflacionarias, a voluntad de la corona hispana, llevándolos en última instancia, a su declive.

4.1.4. Cronología desde mediados del SXVII hasta 1714.

1648	Paz de Westfalia .	El Tratado de Westfalia da fin a la guerra de 80 años, reconociendo la independencia de los Países Bajos, de religión protestante, respecto al Imperio Español y disminuye drásticamente la autoridad del emperador austriaco sobre los principados alemanes. El decreto de "*Cuius regio, eius religio*", dentro del tratado, permitió a los gobernantes de las distintas regiones germánicas, la autoridad para determinar la religión oficial de sus territorios.
1668	Independencia del Reino de Potugal.	El Tratado de Lisboa reconoció la independencia de Portugal de la corona española.
1701 1714	Guerra de Sucesón Española.	Tras la muerte de Carlos II, sin descendencia directa, se da inicio a un conflicto internacional entre los partidarios de Carlos de Habsburgo y los seguidores de la casa francesa de Borbón, que finalmente accede al trono español con Felipe V, poniendo fin a la dinastía austriaca en España.

Paradójicamente, gran parte de las riquezas extraídas de América se destinaron a financiar conflictos religiosos y guerras fratricidas en Europa, en un intento de frenar la expansión del protestantismo, que a la larga nunca pudo ser detenido por las armas, como quedó evidenciado en la Paz de Westfalia en el año de 1648, sino por la sana competencia intelectual, por medio de la creación de escuelas y universidades, como las jesuitas, que generaron muchísimo progreso en el continente americano.

La Guerra de Sucesión Española marcó el comienzo del ocaso del Imperio Español, pues si bien España mantuvo la mayor parte de sus posesiones americanas por cien años más, su influencia en Europa se redujo significativamente.

4.2. Ciclo Occidental / Parte II – La Ilustración

La Ilustración fue un movimiento intelectual y cultural que se originó en Europa, especialmente en Francia, Inglaterra y Alemania, durante el siglo XVIII, también conocido como el siglo de las luces, el cual tuvo un profundo impacto en la forma en que la humanidad entendía y pensaba sobre la política, religión, ciencia, moral e interacción con el mundo en general, en la cual emergieron grandes pensadores como:

- **Voltaire** (1694-1778): François-Marie Arouet, conocido como Voltaire, fue un destacado filósofo y escritor francés. Sus obras, como "Cándido" y "Cartas filosóficas", defendían la libertad de pensamiento y la crítica a la intolerancia religiosa y política.

- **Jean-Jacques Rousseau** (1712-1778): Filósofo suizo-francés cuyo trabajo "El contrato social" influyó en la teoría política y la idea de un contrato entre los ciudadanos y el Estado.

- **John Locke** (1632-1704): Filósofo inglés cuya obra "Ensayo sobre el entendimiento humano" sentó las bases del empirismo y la idea de derechos naturales.

- **Immanuel Kant** (1724-1804): Filósofo alemán conocido por su trabajo "Crítica de la razón pura", que exploró los límites y la naturaleza de la razón humana.

- **Denis Diderot** (1713-1784): Editor de la "Enciclopedia", una obra que recopilaba conocimientos y promovía la educación y la difusión de la ciencia y la cultura.

- **Adam Smith** (1723-1790): Economista escocés famoso por su libro "La riqueza de las naciones", que sentó las bases de la economía moderna y la idea de libre mercado.

- **Montesquieu** (1689-1755): Filósofo francés conocido por su obra "El espíritu de las leyes", que abogaba por la **separación de poderes en el gobierno**

4.2.1. Revolución Industrial

Ilustración 19: Máquina de Vapor

La invención de la máquina a vapor por James Watt en la década de 1770 en el Reino Unido, permitió una mayor eficiencia en la producción de energía y desencadenó una serie cambios sustanciales en la industria y la sociedad, que, sumada a otras invenciones, es considerada por muchos expertos como el inicio de la revolución industrial.

4.2.2. Independecnia de los Estados Unidos de América

Ilustración 20: Independencia USA

El 3 de septiembre de 1783, se firmó el Tratado de París, que reconoció la independencia de los Estados Unidos de América respecto al dominio colonial británico. Este logro histórico se basó en los principios ilustrados de la libertad y autodeterminación del hombre, estableciendo una república democrática en América del Norte, modelo de inspiración para futuros movimientos independentistas a nivel global.

Carga Tributaria: Uno de los principales puntos de conflicto entre las colonias americanas y el Imperio Británico fue la carga tributaria impuesta por la corona. La Ley del Timbre, el Acta del Azúcar y otros impuestos impopulares generaron un fuerte descontento entre los colonos, ya que no tenían representación en el Parlamento británico, donde se aprobaban estas leyes tributarias. Esto llevó a la famosa consigna "Sin representación, sin tributación" y al boicot de productos británicos.

Ilustración 21: Dólar 1794

El dólar estadounidense comenzó a acuñarse oficialmente en el año de 1794, luego de ser establecido como la unidad monetaria de la nueva nación, en el acta de la moneda de 1792, en que es creada la casa de la moneda de los Estado Unidos (United States Mint); 126 años después pasaría a ser la primera divisa de intercambio en el comercio mundial.

4.2.3. Revolución Francesa

Ilustración 22: Revolución del pueblo.

La Revolución Francesa fue uno de los eventos más emblemáticos de la Ilustración; comenzó en 1789 con la convocatoria de los Estados Generales y llevó a la caída de la monarquía francesa, la posterior ejecución del rey Luis XVI y la creación de la Primera República Francesa. La Revolución se basó en los ideales de igualdad, libertad y fraternidad, sin embargo, también fue un período de intensos conflictos y violencia, lo que llevó a la ejecución de miles de personas en el período conocido como el del "Terror". La Revolución Francesa tuvo un impacto duradero en la política europea y la propagación de las ideas ilustradas en Latinoamérica.

Desigualdad Económica: En Francia, la desigualdad económica extrema y la carga fiscal desproporcionada sobre los campesinos y la clase trabajadora incendiaron la agitación social. La nobleza y el clero disfrutaban de privilegios fiscales, mientras la mayoría de la población cargaba con el gran peso de los impuestos.

Previamente hubo muchos más eventos importantes, como la guerra de los 7 años o el ascenso de Catalina la grande de Rusia, entre muchos otros que impactaron profundamente en la geopolítica mundial del Siglo XVIII, que se caracterizó por una gran competencia entre las potencias emergentes por ocupar las vacantes dejadas por los viejos imperios en declive y el desarrollo de una nueva configuración del orden mundial.

4.2.4. Guerras Napoleónicas e Independenica Latinoamericana

Año	Europa	América Latina
1799	Napoleón emerge como líder tras la Revolución Francesa y establece un imperio en Europa.	Surgen diversos tipos de movimientos independentistas, inspirados en las ideas de la ilustración, llevando al pueblo a cuestionar el sistema colonial reinante hasta el momento.
1805	La derrota de la flota franco-española contra la armada británica en batalla naval de Trafalgar, pone fin a las ambiciones napoleónicas en el mar, sin embargo, a finales de ese mismo año, el acenso francés se consolida por tierra, con su victoria en la batalla de Austerlitz, frente a las fuerzas de Austria y Rusia.	
1808	Napoleón da inicio a la invasión de la península Ibérica, obligando a abdicar al rey español Fernando VII.	Juan VI de Portugal se traslada con su corte a Brasil, escapando de la invasión napoleónica.
		El vació de poder, incertidumbre y una España debilitada por la invasión napoleónica, propician el ascenso de líderes como Simón Bolívar, José de San Martín y Miguel Hidalgo, iniciando la lucha por la emancipación.
1811	La fuerte resistencia de las guerrillas españolas obliga a Napoleón a abandonar la península ibérica.	

Ilustración 23: Simón Bolívar

Año	Europa
1812	Napoleón avanza hacia Rusia con un gran ejército, sin embargo, la retirada táctica rusa y la autodestrucción de Moscú, llevan a la debacle de las fuerzas francesas durante el crudo invierno, con su estocada final en la Batalla de Borodinó que marco el comienzo del fin del emperador, obligándole a abdicar en 1814, siendo exiliado en la Isla de Elba.

Ilustración 24: Napoleón

Año	Europa
1815	En marzo de 1815 Napoleón escapa de Elba y regresa a Francia, donde comienza los "Cien Días" de su segundo gobierno, el 18 de junio, La Batalla de **Waterloo** marca la derrota definitiva de Napoleón, siendo exiliado nuevamente en la isla de Santa Elena, donde fallecería en el año de 1821.

	Hispanoamérica
1820	Tras las guerras de independencia, de la segunda década del siglo XIX, empieza a estructurarse la configuración de las naciones latinoamericanas modernas.

	Brasil
1822	El príncipe Pedro de Braganza proclama la independencia de Brasil en 1822, convirtiéndose en el emperador Pedro I, marcando el inicio del Imperio de Brasil como una entidad política separada de Portugal.

4.3.   Ciclo Occidental / Parte III – Imperios Anglosajones

4.3.1. Imperio Británico

Ilustración 25: Imperio Británico SXIX

Tras las Guerras Napoleónicas el Reino Unido asciende como la primera potencia mundial indiscutible, por más de un siglo, sobresaliendo durante este tiempo su monarca la Reina Victoria, quien gobernó el Reino Unido desde 1837 hasta 1901, marcando una época de estabilidad y progreso, conocida como la Era Victoriana. A lo largo de su reinado, el Imperio Británico alcanzó su máximo apogeo y una extensión territorial extraordinaria de 33,7 millones de kilómetros cuadrados.

En 1816 la Libra esterlina se afianza como primera divisa de intercambio en el comercio global.

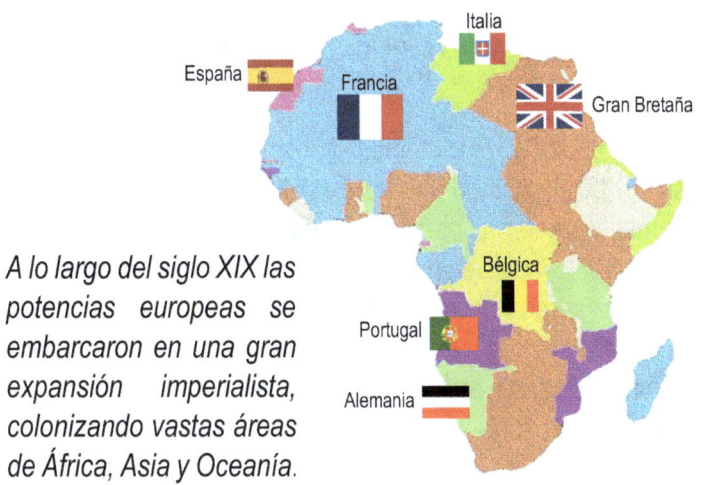

A lo largo del siglo XIX las potencias europeas se embarcaron en una gran expansión imperialista, colonizando vastas áreas de África, Asia y Oceanía.

Ilustración 26; Colonización Africana SXIX

4.3.2. Unificación Alemana

Bajo el liderazgo de *Otto von Bismarck*, Alemania se unificó en el año de 1871, consolidando una serie de estados alemanes en una sola nación, hecho que condujo a la formación una nueva potencia mundial: El Imperio Alemán.

4.3.3. Oro Negro, segunda revolución industrial

La Segunda Revolución Industrial emergió a mediados del siglo XIX, marcando un hito crucial con el avance de una fuente de energía transformadora: El Petróleo. Una vez descubierto en abundancia, se forjaron influyentes empresas, en su mayoría de origen angloamericano, destinadas a la extracción, refinación, transporte y comercialización de este recurso vital también conocido como "el oro negro".

Aunque el petróleo se conocía desde la antigüedad, su uso generalizado comenzó con la invención del proceso de destilación fraccionada en la década de 1850. Esto permitió obtener productos como la nafta y el queroseno, utilizados inicialmente en iluminación y lubricación. El primer pozo petrolero exitoso se perforó en Pennsylvania, Estados Unidos, en el año de 1859.

4.3.4. Siglo XX / Ascenso de los Estados Unidos de América

1914 1918	Primera Guerra Mundial	La Primera Guerra Mundial, también conocida como la Gran Guerra, fue un conflicto global que se libró principalmente en Europa, el cual comenzó con el asesinato del Archiduque Francisco Fernando de Austria en el año de 1914 y se extendió rápidamente a medida que las alianzas entre las potencias europeas se activaron. Fue una guerra devastadora con un alto costo humano. En 1917, Estados Unidos se unió a la guerra del lado de las Potencias Aliadas, lo que tuvo un impacto significativo en el resultado final a su favor.
1922	Nacimiento de la Unión Soviética	En 1922, la Unión de Repúblicas Socialistas Soviéticas (URSS) se formó oficialmente tras la Revolución Rusa y la Guerra Civil que siguió. La URSS se convirtió en el primer estado socialista en el mundo y estuvo bajo el control del Partido Comunista. Bajo el liderazgo de figuras como Vladimir Lenin y luego Joseph Stalin, la Unión Soviética se convirtió en una superpotencia global con un sistema político y económico único.
1929	Gran Recesión	La Gran Recesión, también conocida como la Gran Depresión, fue una crisis económica mundial que comenzó en 1929 con el colapso del mercado de valores en Estados Unidos y se prolongó hasta la década de 1930. Fue un período de profunda recesión económica, desempleo masivo y dificultades financieras en todo el mundo. Esta crisis tuvo un impacto duradero en la economía y la política, y se considera uno de los eventos más significativos del siglo XX.
1939 1945	Segunda Guerra Mundial	La Segunda Guerra Mundial ha sido el conflicto más grande y devastador de la historia de la humanidad, con una amplia participación de países de todo el mundo, que terminó oficialmente el 2 de septiembre de 1945, tras la rendición de Japón, después de los bombardeos atómicos en Hiroshima y Nagasaki por parte de los Estados Unidos. La guerra cambió por completo la geopolítica global y llevó a la creación de las Naciones Unidas en un esfuerzo por evitar futuros conflictos entre los países.

1971	Fin Patrón Oro	En 1971, el presidente de Estados Unidos, Richard Nixon, anunció la suspensión del dólar estadounidense convertible en oro, poniendo fin al sistema de Bretton Woods y al Patrón Oro. Esto marcó un cambio significativo en el sistema financiero global, ya que las monedas dejaron de estar respaldadas por reservas de oro. En su lugar, se adoptó un sistema de tipos de cambio flotantes, lo que tuvo implicaciones importantes para la economía internacional y las relaciones monetarias globales.

- **Petrodólares**

Durante la Segunda Guerra Mundial, el petróleo se convirtió en un recurso estratégico crucial, ya que alimentaba las máquinas de guerra de las naciones involucradas, por lo que el principal ganador de está cruenta guerra fue sin duda el Oro Negro y por ende, las empresas anglo americanas, dedicadas a su extracción a nivel global; la desastrosa operación Barba Roja de Hitler, no fue más que un intento desesperado del "Führer", de llegar a los yacimientos petrolíferos soviéticos en el Cáucaso...

Es interesante destacar que la expresión "petrodólares" comenzó a utilizarse a partir de 1971, en que Estados Unidos abandonó el patrón oro, lo que significa que dej{o de respaldar cada dólar emitido, con una cantidad equivalente de este mineral, pasando a ser la confianza y el prestigio de la economía estadounidense, la base de la moneda.

Esto tuvo un efecto profundo en el sistema financiero global, fortaleciendo la posición del dólar como moneda de reserva internacional.

Los petrodólares se refieren a los dólares que los países exportadores de petróleo ganan y acumulan como resultado de las transacciones petroleras, lo cual contribuyó al dominio económico de los Estados Unidos América durante la segunda mitad del siglo 20.

4.3.5. Siglo XXI / El Dragón y las *Blockchains* (Criptomonedas)

Desde su ingreso a la OMC (Organización Mundial del Comercio) en 2001, China ha experimentado un crecimiento económico espectacular, ya que esto le permitió abrirse aún más al comercio internacional y atraer nuevas inversiones extranjeras, conduciendo a un rápido aumento de sus exportaciones, convirtiendo al país en: "**La Fábrica del Mundo**".

Actualmente China es líder en manufactura y exportación de productos electrónicos, textiles, maquinaria, entre otros, lo que le ha permitido tener un crecimiento económico sostenido, pudiendo así, elevar a millones de personas de la pobreza y expandir su clase media. Adicionalmente, el país ha hecho grandes inversiones en infraestructura masiva, incluyendo carreteras, ferrocarriles y tecnología, impulsado aún más su economía.

- **Nuevos pretendientes**

Euro

A partir del año 2002 el Euro, representado con el símbolo €, se convierte en la moneda oficial de 19 de los 27 países de la Eurozona, llegando a alcanzar entre un 20% y 25% del mercado global de divisas.

Bitcoin

La Bitcoin, a menudo abreviada como BTC, fue la primera criptomoneda creada en 2009 por una entidad o individuo que operaba bajo el seudónimo de Satoshi Nakamoto. Su adopción se inició gradualmente después de su lanzamiento, y ha experimentado un crecimiento significativo desde entonces.

La Bitcoin se basa en la tecnología de *blockchain*, que es un libro de contabilidad digital público y **descentralizado** que registra todas las transacciones, proporcionando transparencia y seguridad a la red, permitiendo a los usuarios realizar transacciones directas, sin necesidad de intermediarios como bancos u otras instituciones financieras. Bitcoin ha atraído a muchísimos inversores de todo el mundo, debido a su potencial como activo especulativo, teniendo en cuenta que es deflacionario por naturaleza, ya que tiene un suministro limitado de 21 millones de unidades en total.

Yuan Digital

El Yuan digital o moneda del banco central de China ha sido uno de los proyectos de mayor envergadura de la nación asiática y espera tener un impacto significativo en el comercio internacional, facilitando las transacciones transfronterizas, buscando reducir la dependencia del dólar estadounidense; no obstante sus detractores plantean preocupaciones sobre la privacidad y el control gubernamental.

Pero sigo siendo el Rey...
Atte: US Dólar

5. CICLOS DE TIEMPO EN EL TRADING

5.1. Tipos de *Trading* según el Tiempo

	Tipo	Plazo	Tiempo
Bajo Riesgo ↑	Principal	Largo plazo	Más de 2 años.
	Secundario	Mediano plazo	1 a 2 años.
	Terciario	Corto plazo	1 a 2 semestres.
	Mensual	Mili plazo	1 a 6 meses.
	Semanal (Swing)	Micro plazo	Un día a una semana.
Alto Riesgo ↓	Diario (Day Trading)	Nano plazo	Una hora a un día.
	Scalping	Pico plazo	Un minuto a una hora.

Dependiendo del marco de tiempo que se esté analizando, la **tendencia** o dirección en que se mueve el precio dentro de este marco temporal, puede ser principal, secundaria, terciaria, mensual, semanal, diaria e incluso horaria. El verdadero arte del *Trading* está en el saber analizar y con base en esto, predecir acertadamente los cambios de tendencia en el mercado.

5.2. Horarios Bursátiles

Los mejores horarios para operar dependen del activo y estrategia del *trader*, para esto es importante conocer las agendas de las principales bolsas a nivel global, especialmente sus horas de apertura y cierre. Las bolsas de valores trabajan semanalmente de lunes a viernes y se dividen en tres grandes grupos, según su zona horaria:

5.2.1. Bolsas del Continente Americano.

El grupo de bolsas del continente americano es encabezado ampliamente por las dos principales bolsas de del distrito de *Wall Street* en Nueva York: NYSE y Nasdaq, estas dos bolsas manejan cerca del 50% del mercado bursátil global. Las siguientes son las principales bolsas de esta zona, en orden de apertura según el horario GMT:

Bolsa	Ab	Rank	Local	GMT	GMT -5
			Horario Bursátil		
São Paulo	B3	18	10:00 – 18:00	13:00 - 21:00	9:00 – 16:00
Nueva York	NYSE	1	9:30 – 16:00	13:30 – 20:00	8:30 – 15:00
NASDAQ	NQ	2	9:30 – 16:00	13:30 – 20:00	8:30 – 15:00
Toronto	TSX	9	9:30 – 16:00	13:30 – 20:00	8:30 – 15:00
Chile	BMV	-	9:30 – 16:00	13:30 – 20:00	8:30 – 15:00
Bogotá	BVC	-	8:30 – 15:00	13:30 – 20:00	8:30 – 15:00
México	BMV	24	8:30 – 15:00	15:30 - 22:00	10:30 – 17:00

5.2.2. Bolsas de Asia y Oceanía.

Las siguientes son las principales bolsas de Asia y Oceanía en orden de apertura según el horario GMT:

Bolsa	Ab	Rank	Horario Bursátil Local	GMT	GMT -5
Sidney	ASX	16	10:00 - 16:00	1:00 – 7:00	19:00 – 0:00
Tokio	JPX	3	9:00 - 15:00	1:00 - 7:00	19:00 - 0:00
Corea S	KRX	14	9:00 - 15:00	1:00 - 7:30	19:00 - 0:30
Shanghái	SSE	4	9:30 - 16:00	2:30 – 9:00	20:30 – 2:00
Hong Kong	SEHK	5	9:30 - 16:00	2:30 – 9:00	20:30 – 2:00
Shenzhen	SZSE	8	9:30 - 16:00	2:30 – 9:00	20:30 – 2:00
Bombai	BSE	11	9:15 - 15:30	3:45 – 12:00	21:45 – 5:00
India	NSE	12	9:15 - 15:30	3:45 – 12:00	21:45 – 5:00

5.2.3. Bolsas de Europa y África.

Las siguientes son las principales bolsas de la zona euro africana en orden de apertura según el horario GMT:

Bolsa	Ab	Rank	Horario Bursátil Local	GMT	GMT -5
Johannesburgo	JSE	19	9:00 – 17:00	8:00 - 16:00	1:00 -9:00
Londres	LSE	6	8:00 -16:30	9:00 - 17:30	2:00 - 10:30
<Euronext	-	7	9:00 -17:30	9:00 - 17:30	2:00 - 10:30
Fráncfort	FRA	10	9:00 -17:30	9:00 - 17:30	2:00 - 10:30
Suiza	SIX	13	9:00 -17:30	9:00 - 17:30	2:00 - 10:30
Nord. Nasdaq	OMX	15	9:00 - 17:20	9:00 - 17:20	2:00 - 10:20
Madrid	BME	20	9:00 - 17:30	9:00 - 17:30	2:00 - 10:30

6. ¿CÓMO EMPEZAR A OPERAR EN EL TRADING?

6.1. Selección de la plataforma

- **Calificación del Broker**

  Es recomendable que el *broker* aparezca en la lista de la plataforma **Trading View** y que esté bien calificado.

- **Modo Demo**

  Tanto Trading View como la mayoría de brokers permiten trabajar en modo demo, con el que se puede empezar a visualizar y practicar, con todos los conceptos que se enseñan en esta guía.

- **Tiempo de Adiestramiento**

  Es recomendable operar los 3 primeros meses en el modo demo, mientras se familiariza con la plataforma y se asimilan los conceptos generales del Trading.

6.2. Selección del Activo

Principales CFD's de Activos en el mercado:

	Ejemplos
Forex: Mercado de Divisas o Monedas	EUR/USD: euro vs dólar EUR/GPB: euro vs Libra
Acciones: Mercado de Acciones de empresas	Apple, Tesla, ABB
Índices: Promedio accionario de empresas de un país o sector.	SP500, NQ100, DJ30 GER40, HK50, AUS200
Commodities: Materias Primas	Agrícolas: Trigo, Soya, Café Metales: Oro, Plata, Cobre Energía: Petróleo, Gas
***Criptos*:** Mercado de Monedas Digitales o *Blockchains*	BTC/USD: Bitcoin vs dólar ETH/USD: Etherum vs dólar

6.2.1. Par transaccional (PT).

Ejemplos de PT en tres grupos de activos:

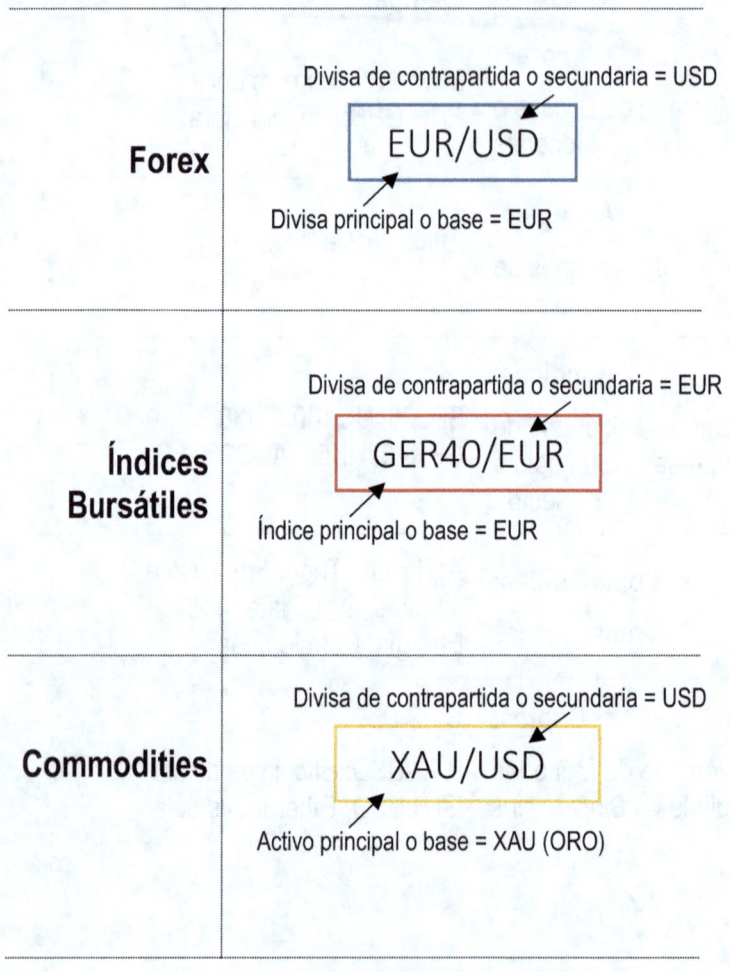

6.2.2. Volumen transaccional.

Activo	Unidad Transaccional	Conversión
Forex	Lote	1 lote = Lote
Índice Bursátil	Contrato	1 contrato = 1 Lote
Commodities	Contrato	Según *Commoditie*

En la mayoría de brokers, el **volumen transaccional** de un activo suele medirse en **lotes, pips y ticks.**

■ **Lote:** un lote equivale en el mercado de divisas o *Forex* a 100.000 unidades de la divisa base, ubicada al lado izquierdo del par; en otros activos, el tamaño del lote varía según el tipo de contrato.

■ ***Pip:*** en un lote entero, cada PIP de movimiento representa 10 unidades de la divisa secundaria, ubicada al lado derecho del par.

■ ***Tick:*** Un *tick* es la unidad mínima de operación en el *Trading* y equivale a la cuarta parte de un Pip, por lo tanto: **1 Pip = 4 Ticks.**

Muchos brokers han disminuido el tamaño de los lotes, con el ánimo de acceder a un mayor número de clientes, en las siguientes categorías:

■ **Micro Lote** $= \dfrac{\text{Lote}}{100}$ = 0,01

■ **Mini Lote** $= \dfrac{\text{Lote}}{10}$ = 0,1

6.2.3. Garantía (*Margin*) y Apalancamiento (AP)

La Garantía o *Margin* es el capital con que se puede operar un activo dentro de un *broker*, el cual depende del tamaño del lote y el nivel de **Apalancamiento (AP)** previamente seleccionado.

$$\frac{\text{Garantía}}{(\textit{Margin})} = \frac{\text{Tamaño del lote}}{\text{Apalancamiento}}$$

- **Ejercicio con Forex:**

  ¿Qué capital mínimo es necesario para abrir una operación, de *Forex*, en corto, es decir de venta, de un mini lote de **EUR/USD**, con apalancamientos (Ap) de 50:1 o de 200:1?

Solución:

Lote EURO = 100.000 usd de la divisa base = 100.000 EUR

Mini Lote EURO = Lote/10 = 10.000 UR

	Garantía (*Margin*)
AP 50:1	$\dfrac{10.000 \text{ EUR}}{50}$ = **200 EUR**
AP 100:1	$\dfrac{10.000 \text{ EUR}}{100}$ = **100 EUR**

R) Esto significa que se debe tener disponible como mínimo 200 EUR para poder realizar una operación de compra de un Mini lote de EURO/USD, con un AP de 50 y 100 EUR si el AP es de 100.

A medida que el AP es mayor, es menor el requerimiento de capital de garantía (*margin*) para abrir una operación, más se incrementa el nivel de riesgo, es por esto que los entes regulatorios en Europa, han limitado el AP hasta un máximo de 30:1 para los minoristas.

- **Ejercicio con *Commoditie*:**

  ¿Qué capital mínimo se necesita, si se va a abrir una operación en largo, (compra), de un micro lote del *Commoditie* **XAU/USD** (Oro con respecto al dólar), con apalancamientos (AP) de 25:1 o de 100:1?

  Solución:

  Lote de ORO = Cotización del ORO x 100 Onzas = 201.419 USD

  Valor Contrato ORO = Nr de lotes x Cotización ORO x 100 Onzas

  Micro Lote de ORO = Lote/100 = 2.014,19 USD

	Garantía
AP 25:1	$\dfrac{2014{,}19 \text{ USD}}{25} = $ **80.56 USD**
AP 100:1	$\dfrac{2014{,}19 \text{ USD}}{100} = $ **20.14 USD**

  R) Esto significa que debo tener disponibles como mínimo 80,56 USD para poder realizar una operación de compra de un Micro lote de ORO con un apalancamiento de 25 y 20,14 USD si el apalancamiento es de 100.

- **Ejercicio con Índice Bursátil:**

  ¿Qué capital mínimo se requiere, si se desea abrir una operación en largo (compra), de un micro lote del Índice Bursátil **GER40/USD** (GER40 con respecto al dólar), con apalancamientos (AP) de 10:1 o de 20:1?

Solución:

Para los CFD's de Índices Bursátiles, 1 contrato = 1 Lote

Lote de GER40 = 15.892 x 1 USD = <u>15.892 USD</u>

Micro Lote de GER40 = Lote/100 = <u>158,9 USD</u>

	Garantía	
AP 10:1	$\dfrac{158,9 \text{ USD}}{10}$	= **15.9 USD**
AP 20:1	$\dfrac{158,9 \text{ USD}}{20}$	= **7.94 USD**

R) Esto significa que debo tener disponibles como mínimo 15,9 USD para poder realizar una operación de compra de un Micro lote de GER40 con un AP de 10 y 7,94 USD si el AP es de 20.

6.3.   ¿Cómo crear una orden de compra o venta?

Suponiendo un apalancamiento fijo, una orden está constituida principalmente por los siguientes parámetros, cuyo formato dependerá del broker utilizado:

Tipo de Orden	Mercado, Límite, Stop, etc.	Usuario
Par de Activos	ORO/USD, BTC/EUR, ARROZ/GBP, SP500/USD, etc.	Usuario
Operación	Compra o Venta (*Long or Short*).	Usuario
Cantidad:	Tamaño del lote o Dinero a Operar	Usuario
Stop Loss	Precio hasta el cual estamos dispuestos a perder y se detiene la operación.	Usuario
Take Profit	Precio en el cual recogemos la ganancia obtenida en la operación, cuando esta ha sido exitosa.	Usuario
Spread	Diferencia entre el Precio de Compra (PC) y Venta (PV). Spread = PC - PV	Broker según Volumen

6.3.1. Orden de Mercado de Compra (Long)

1. **Tipo de orden**:
   Mercado.

2. **Par Activo vs Divisa**:
   XAU/USD
   (ORO vs Dólar)

3. **Operación**:
   Compra (Long)

4. **Cantidad**:
   Tamaño del Lote:
   0.01 Lotes (Micro lote)

5. **Spread**:
   PC – PV =
   1.9 Pips (0,19 USD)

6. **Garantía (*Margin*)**:
   80.5 USD (XAU/)

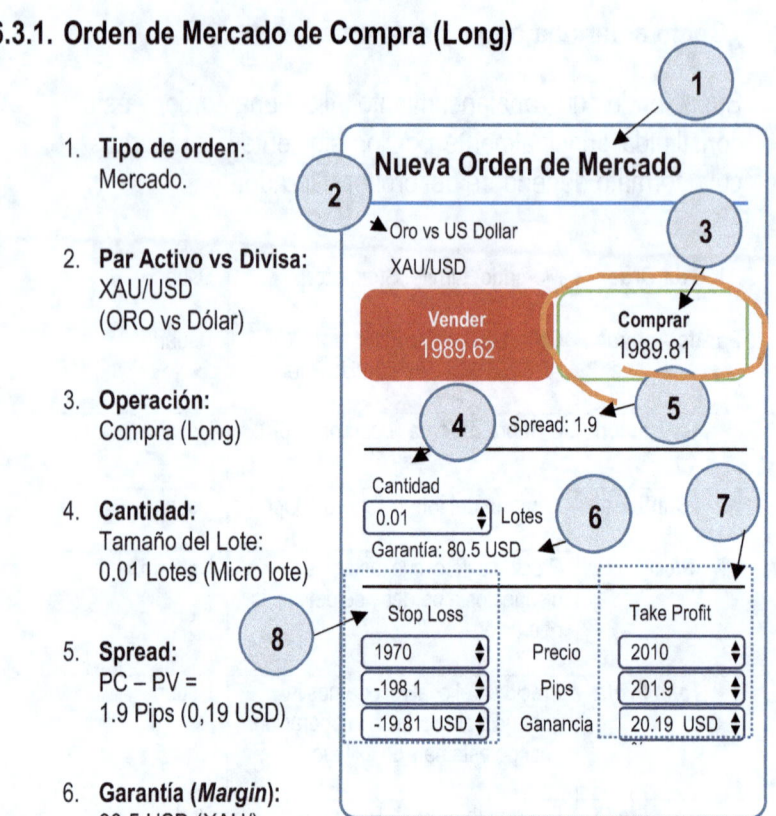

7. **Take Profit (TP)**:
   Precio en el cual se toma el beneficio: **2010 USD**

   Ganancia = TP – PC
   2010 – 1989,81 = **20,19 USD**
   (201,9 Pips)

8. **Stop Loss (SL)**:
   Precio en el cual se detiene la pérdida.

   Pérdida = PC – SL
   1989,81 - 1970 = **19,81 USD**
   (198,1 Pips)

6.3.2. Orden de Mercado de Venta (Short)

1. **Tipo de orden**:
   Mercado.

2. **Par Activo vs Divisa**:
   XAU/USD
   (ORO vs Dólar)

3. **Operación**:
   Venta (Short)

4. **Cantidad**:
   Tamaño del Lote:
   0.01 Lotes (Micro lote)

5. **Spread**:
   PC – PV =
   1.9 Pips (0,19
   USD)

6. **Garantía (*Margin*)**:
   80.5 USD (XAU/)

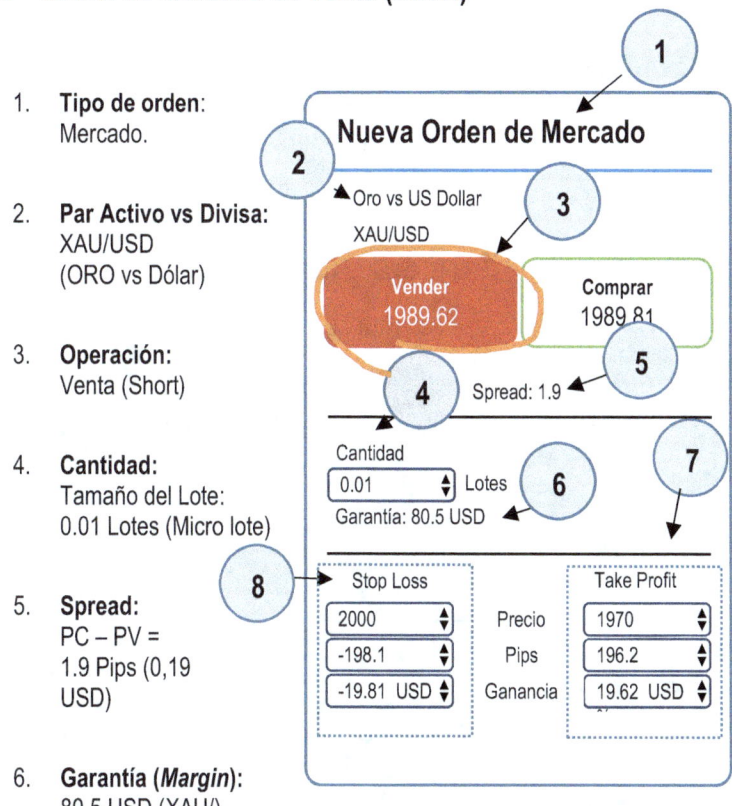

7. **Take Profit (TP)**:
   Precio en el cual se toma el
   beneficio: **1970 USD**

   Ganancia = PV - TP
   1989,62 – 1970 = **19,62 USD**
   (196,2 Pips)

8. **Stop Loss (SL)**:
   Precio en el cual se detiene la
   pérdida. **2000 USD**

   Pérdida = PC – SL
   1989,81 - 1970 = **19,81 USD**
   (198,1 Pips)

6.3.3. Orden Límite

La orden límite es una orden programada para activarse cuando el precio alcanza, el **precio de entrada,** parámetro adicional que se selecciona previamente.

1. **Precio Entrada:**
   2000 USD

2. **Distancia:**
   100 Pips (10USD) Esto significa que el precio actualmente se encuentra en 2010 USD y hay que esperar a que baje 100 Pips o 10 USD para que se active la orden límite de compra.

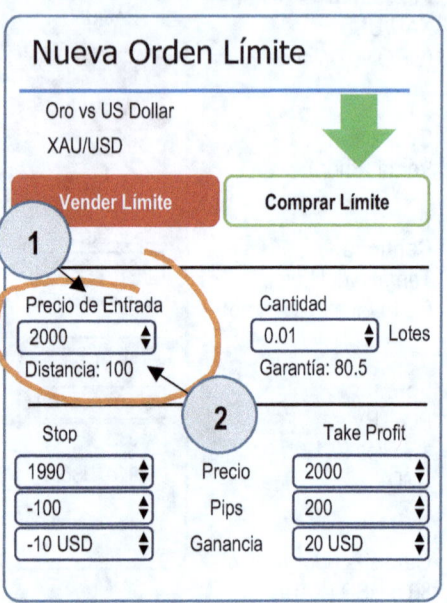

7. ANÁLISIS GRÁFICO CLÁSICO O "CHARTISTA"

El Análisis Gráfico clásico o tradicional, también conocido como "*Chartist method*" o análisis "Chartista", hace parte de las diversas metodologías al interior del análisis técnico, siendo un enfoque utilizado para analizar los cambios en el precio de un activo a lo largo del tiempo, mediante el estudio de gráficos o "charts". A diferencia del análisis fundamental que se enfoca en el valor intrínseco de un activo, el análisis gráfico tradicional, se centra en el comportamiento pasado del precio para predecir movimientos futuros, sin recurrir a indicadores, osciladores u otras herramientas adicionales.

Los gráficos clásicos muestran únicamente la variación en la cotización del precio del activo dentro de un rango de tiempo específico, generalmente en forma de líneas que conectan los precios de cierre en diferentes periodos, como horas, días, semanas o meses.

Algunos analistas técnicos consideran que toda la información necesaria y relevante sobre un activo ya está reflejada e implícita en el precio y el volumen de negociación que se muestra en los gráficos.

Una de las principales herramientas utilizadas en el análisis gráfico clásico son las líneas de tendencia. Estas líneas se dibujan conectando los puntos clave del precio en el gráfico, permitiendo identificar las tendencias alcistas, bajistas o laterales del activo. **Las tendencias** son la base principal del análisis gráfico, ya que, por lo general, salvo algunas excepciones, los precios tienden a seguir ciertos patrones en el transcurso tiempo.

La premisa básica detrás del análisis gráfico clásico, es que la historia tiende a repetirse, por lo que se busca reconocer patrones que puedan proporcionar señales, que permitan la toma de decisiones de manera oportuna en las operaciones.

Cuanta más información se tenga sobre el comportamiento pasado de un activo, más factible es identificar patrones y tendencias que puedan influir en las proyecciones futuras, por lo que es indispensable operar dentro de un marco de tiempo amplio, con la mayor cantidad de datos históricos posibles.

Es importante aclarar que el análisis técnico no es 100% infalible y que ningún enfoque puede predecir el futuro con absoluta certeza. El análisis gráfico clásico ha demostrado ser útil para la mayoría de inversores y traders, más siempre existen factores de tipo geopolítico o macroeconómico que pueden afectar el comportamiento del mercado, por lo que es recomendable estar siempre informado, sobre los principales eventos a nivel global.

7.1. Tendencias lineales en los gráficos

La Tendencia lineal es la dirección en que se mueve el precio, dentro de un periodo o rango de tiempo específico. Por lo general, la variación en la cotización del precio, de un activo, suele moverse en zigzag y salvo contadas excepciones, en línea recta. Las tendencias se pueden clasificar en tres tipos:

7.1.1. Tendencia Alcista

En una tendencia Alcista por lo general se unen los **Mínimos**, los cuales forman un **Suelo**, que puede indicar un eventual cambio de tendencia a la baja, cuando este se rompe.

Ilustración 27: Tendencia Alcista

7.1.2. Tendencia Bajista

En una tendencia Bajista suelen unirse los **Máximos**, los cuales forman un **Techo**, que puede indicar un eventual cambio de tendencia al alza, cuando este se rompe.

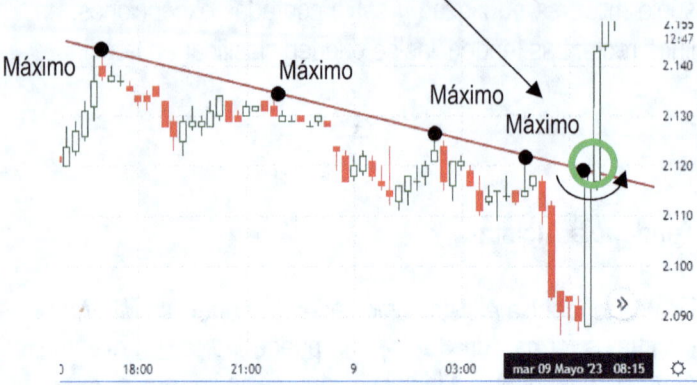

Ilustración 28: Tendencia Bajista

7.1.3. Tendencia Lateral

En La tendencia lateral el precio fluctúa dentro de un rango delimitado por un **Suelo** o Zona de soporte que impide que este baje y un **Techo** o Zona de resistencia al incremento del precio.

Ilustración 29: Tendencia Lateral

7.2.   Patrones en los gráficos

"La forma más cercana de predecir el futuro, es conociendo y entendiendo el pasado"

Entre más amplia sea la información de un gráfico respecto al tiempo y cantidad de movimientos en el precio, más factible es el reconocimiento de patrones pasados, en el comportamiento del activo, y de esta forma la predicción de posibles proyecciones futuras.

Los siguientes son los principales patrones dentro del análisis técnico chartista.

7.2.1. Triángulos

El patrón de triángulo es una figura de consolidación, en que el precio de un activo se mueve dentro de un rango, que se va estrechando de forma gradual.

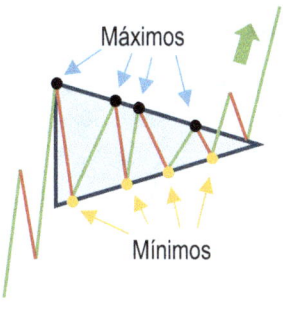

Máximos

Mínimos

Ilustración 30: Triángulo

Los patrones de triángulos se dibujan trazando dos líneas de tendencia, uniendo los valores máximos en la línea superior y los mínimos en la inferior. Estás líneas de tendencia comienzan separadas para luego interceptarse, creando así el patrón en forma de triángulo.

El triángulo es uno de los patrones más comunes y fáciles de identificar dentro de un gráfico; por lo general preceden la continuidad de la tendencia del mercado, no obstante, es recomendable esperar el rompimiento de los límites de la figura, antes de iniciar la operación. Los siguientes son los principales tipos:

- **Triángulo Simétrico**

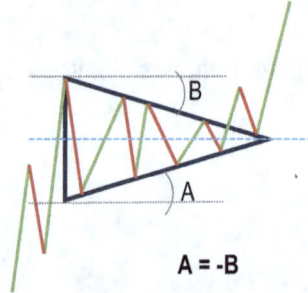

A = -B

Ilustración 31: Triángulo Simétrico

En el patrón de triángulo simétrico, la longitud de la línea de tendencia superior y la inferior son iguales y su inclinación equivalente, en el sentido contrario, como si se tratara de un espejo.

- **Triángulo Ascendente**

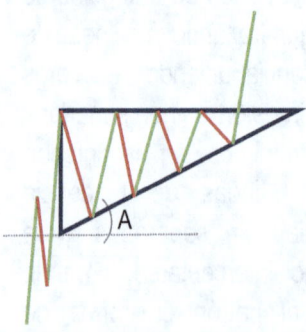

Ilustración 32: Triángulo Ascendente

Los triángulos ascendentes difieren de los triángulos simétricos en que solo su lado inferior está inclinado. El lado superior del triángulo, trazado a través de los máximos de la formación es horizontal, lo que indica que la resistencia bajista se mantiene igual durante el rango.

Por lo general, este patrón ocurre después de una tendencia alcista muy clara, que se puede identificar por la naturaleza ascendente de la línea de soporte que une los mínimos de la formación. Continúa su ascenso y eventualmente converge con la línea de resistencia horizontal, rompiéndola y reanudando la tendencia alcista.

- **Triángulo Descendente**

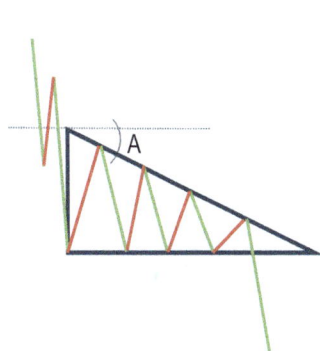

El patrón de triángulo descendiente es lo contrario al de triángulo ascendente. Los triángulos descendentes ocurren en un mercado bajista, por lo tanto, se consideran figuras bajistas.

Ilustración 33: Triángulo Descendente

Los vendedores suelen romper, al final del patrón, la línea de soporte, confirmando de esta forma el triángulo y por ende la respectiva continuidad de la tendencia bajista.

Los patrones de triángulos ascendentes y descendentes generalmente se consideran patrones de continuación, más en algunos casos, pueden aparecer antes de la reversión de una tendencia, rebotando el precio, en la línea de tendencia horizontal, por lo que es esencial esperar hasta la ruptura del marco triangular, antes de iniciar una nueva operación.

7.2.2. Hombro Cabeza Hombro

El patrón hombro cabeza hombro (HCH) es una de las figuras más efectivas del análisis chartista y por lo general se presenta al final de una tendencia prolongada, reflejando un posible cambio de tendencia, en la cotización de un activo financiero; su nombre proviene de la forma en que se dibuja dentro del gráfico y se compone de un hombro izquierdo, otro derecho, una cabeza y una línea clavicular o clavícula, tal como se puede apreciar en el dibujo:

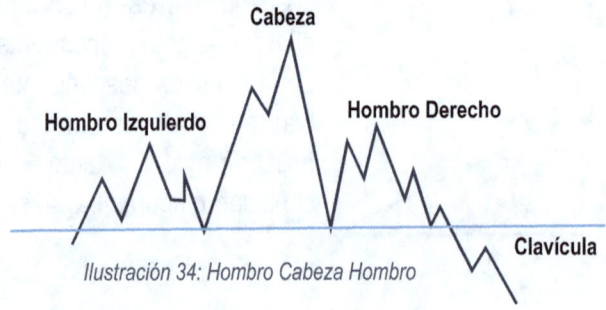

Ilustración 34: Hombro Cabeza Hombro

Existen dos tipos de hombros cabeza hombro:

- **Hombro cabeza hombro bajista.**

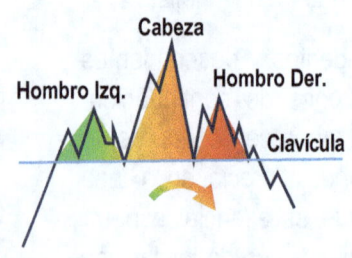

Se le denomina hombro cabeza hombro bajista, ya que cuando se forma existe una alta probabilidad de un cambio de tendencia, dando lugar a que el precio comience a bajar.

Ilustración 35: Hombro Cabeza Hombro Bajista

- **Hombro cabeza hombro alcista o invertido.**

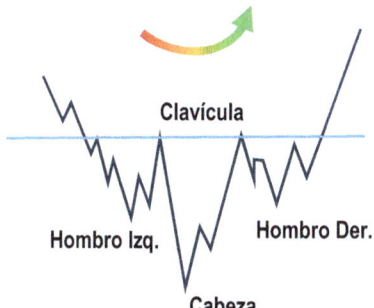

Aunque se origina tras una tendencia bajista, se le llama hombro cabeza hombro alcista por sus implicaciones.

Ilustración 36: Hombro Cabeza Hombro Alcista

A pesar de considerarse una de las figuras más importantes y confiables no es infalible. Su estudio suele estar acompañado del volumen bursátil. La razón por la cual este patrón debe analizarse junto con el volumen, es para aumentar su fiabilidad. En caso de no darse una serie de condiciones referentes al volumen, en algunos de sus componentes, es posible que el análisis sea erróneo.

Esquemáticamente, la representación del volumen sería:

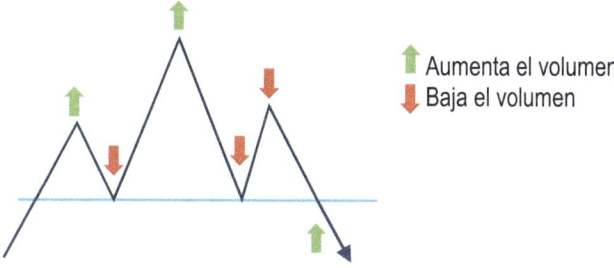

Aumenta el volumen
Baja el volumen

Ilustración 37: Representación Volumen HCH

- **Ejemplo arquitectónico de hombro cabeza hombro**

Ilustración 38: Ejemplo Hombro Cabeza Hombro

7.2.3. Banderas

Las banderas son patrones de continuidad que se forman inicialmente con una fuerte tendencia en un mismo sentido, en la que se crea un "**mástil**", para luego estancarse por un tiempo dentro de un rango, formándose así el "**paño**".

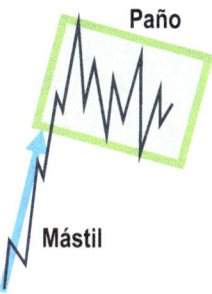

Ilustración 39: Bandera

Existen dos tipos de banderas:

- **Bandera de Alcista.**

En la gráfica la tendencia previa es alcista y el precio está aumentando (mástil), de repente se dibuja un paño con forma de paralelogramo o bandera, con un poco de inclinación bajista. Este patrón nos indica que hay una alta probabilidad de un segundo "mástil" igual de largo que el primero, dando continuidad a la tendencia alcista.

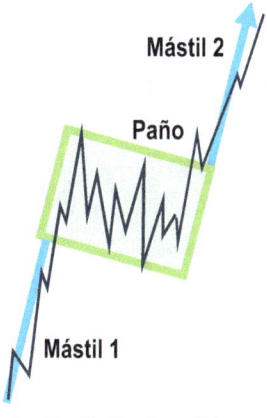

Ilustración 40: Bandera Alcista

- **Bandera de Bajista.**

Como se aprecia en la imagen, está el mástil y luego la bandera con algo de inclinación alcista. Según este patrón, lo más probable es que se dibuje otro mástil de continuidad a la baja.

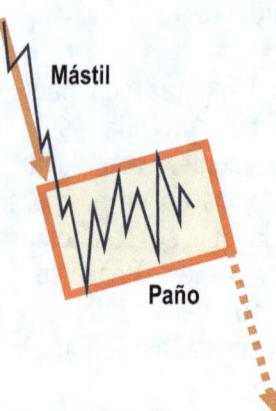

Ilustración 41: Bandera Bajista

7.2.4. Banderines

Los banderines son similares a las banderas, la diferencia está en que el paño es de forma triangular, en lugar de un paralelogramo.

En los banderines alcistas, después del paño en forma de triángulo simétrico, se espera otra subida del mismo tamaño del mástil anterior, y lo contrario con la tendencia bajista.

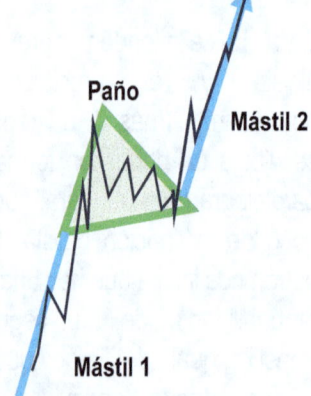

Ilustración 42: Banderines

7.3. Tendencias no lineales

Existen múltiples formas de analizar técnicamente los gráficos de un activo y la tendencia del valor de su precio en el tiempo, por medio de la utilización de curvas elípticas, hiperbólicas, senoidales, logarítmicas o exponenciales, entre muchas otras, que pueden arrojar mejores resultados y más precisos que las líneas rectas, más solo serán mencionadas, por el momento, en este primer libro de los ciclos del tiempo.

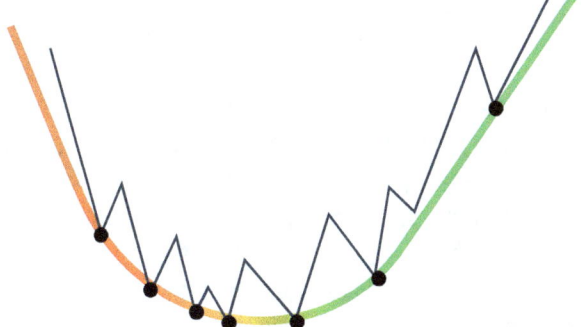

Ilustración 43: Tendencias no Lineales

El análisis técnico de tendencias no líneas estará presente dentro de la temática del segundo libro, en el que se incluye el manejo de indicadores y el análisis fractal, este último, basado en las formas de la naturaleza y el universo, que por lo general no son lineales.

8. INTRODUCCIÓN A LAS VELAS JAPONESAS

Las velas japonesas son parte fundamental del análisis técnico, ya que producen figuras que ayudan a encontrar cambios en las tendencias del mercado. La siguiente es una guía básica para comprender los elementos que componen las velas japonesas y su interpretación, como resultado del choque entre la oferta y la demanda, dentro del contexto del precio de un activo en el tiempo. El contenido de esta guía práctica es aplicable para los diferentes mercados de Acciones, Índices, *Forex*, *Commodities* y Criptomonedas, entre otros activos.

Es posible operar en el mercado analizando solo las velas japonesas, por lo cual debe de ser un estudio previo al de indicadores y fórmulas. La siguiente guía enseña cómo se forman las velas japonesas, qué representan, tipos, patrones y finalmente, cómo se interpretan dentro de un gráfico. Con el estudio detallado y a conciencia, de esta guía, puede empezarse a hacer trading en el broker preferido, con buenos resultados.

8.1. Historia de las Velas Japonesas

La historia de las Velas Japonesas se remonta al siglo XVIII en Japón, donde surgieron como una herramienta de análisis para el mercado del arroz, que en aquel entonces era el principal bien comercializado en el país y llegó a ser incluso más importante que la moneda local. Munehisa Homma, también conocido como Sokyu Honma, es ampliamente reconocido como uno de los primeros exponentes del seguimiento de las variaciones de precios utilizando las velas japonesas.

Munehisa Homma era un comerciante de arroz japonés nacido a principios de 1700 que se destacó por su habilidad para comprender las dinámicas básicas de la oferta y la demanda, así como la influencia de las emociones en la cotización de precios en el mercado. Utilizando registros de precios, Homma ideó un método para visualizar la evolución de los precios del arroz en forma de velas, lo que permitía a los comerciantes y analistas obtener una visión más clara de la acción del mercado.

El análisis de velas japonesas, en inglés "*candlestick charting*", se basa en el uso de patrones gráficos formados por velas individuales o combinaciones de ellas. Cada vela representa la acción del precio durante un período de tiempo específico y muestra cuatro elementos clave: el precio de apertura, el precio de cierre, el precio más alto y el precio más bajo. Los patrones de velas ayudan a identificar tendencias, cambios en la dirección del precio, puntos de entrada y salida, y proporcionan información valiosa sobre la psicología del mercado.

Durante siglos, esta técnica de análisis se mantuvo en Japón como un recurso esencial para los comerciantes de arroz y otros bienes. Sin embargo, no fue hasta la década de 1990 que las velas japonesas se popularizaron en Occidente gracias a la contribución de Steve Nison. Nison, un experto en análisis técnico, que escribió el libro "Más allá de las Velas" (*Beyond Candlesticks*), donde introdujo esta antigua técnica de análisis a los mercados financieros occidentales. Su libro fue fundamental para que los inversores y analistas occidentales adoptaran el análisis de velas japonesas como una herramienta efectiva para comprender y predecir la acción del precio en diferentes mercados, tales como acciones, divisas, futuros y criptomonedas.

Desde su introducción en Occidente, las velas japonesas se han convertido en una herramienta ampliamente utilizada y acreditada para el análisis técnico, siendo una de las muchas herramientas disponibles para los inversores y analistas para la toma de decisiones en los mercados financieros. Su popularidad se debe en gran medida a su efectividad en la identificación de patrones gráficos y tendencias, y a su capacidad para proporcionar información valiosa sobre la psicología del mercado y el comportamiento de los participantes.

8.2. ¿Qué es y cómo se forma una vela japonesa?

Una vela japonesa es la representación gráfica de la cotización del precio de un activo en determinado marco de tiempo. Una vela japonesa indica 4 variables principalmente:

Entrada: precio de apertura o inicio

Salida: precio de cierre

Mínimo: precio mínimo alcanzado durante el tiempo de la vela

Máximo: precio máximo alcanzado durante el tiempo de la vela

Dependiendo de la parametrización temporal de la gráfica, si el marco temporal es de una hora, cada vela representa el movimiento del precio durante una hora, ahora bien, si el marco de tiempo es de 5 minutos, entonces cada vela muestra la variación del precio en 5 minutos. La vela es verde o hueca si el precio de cierre está por encima del precio de apertura. Por otro lado, una vela es roja o negra, si el precio de cierre está por debajo del precio de apertura. El cuerpo de la vela nos indica cuánta variación sufrió el precio en ese periodo de tiempo. Las mechas inferiores y superiores indican que el precio estuvo moviéndose en ese rango, pero retrocedió. Estas mechas también son conocidas como sombras o colas de techo y piso.

El tamaño de la vela también nos indica el volumen transaccional.

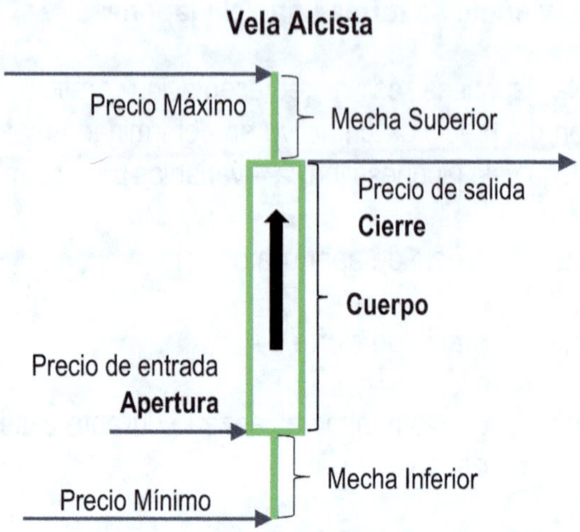

Vela Alcista

Precio Máximo

Mecha Superior

Precio de salida
Cierre

Cuerpo

Precio de entrada
Apertura

Precio Mínimo

Mecha Inferior

Ilustración 44: Vela Japonesa Alcista

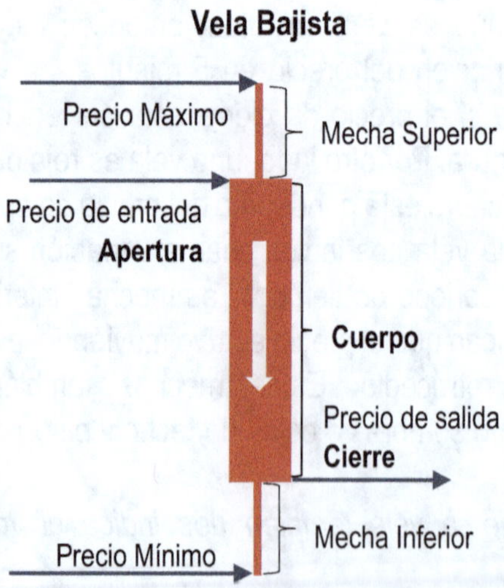

Vela Bajista

Precio Máximo

Mecha Superior

Precio de entrada
Apertura

Cuerpo

Precio de salida
Cierre

Precio Mínimo

Mecha Inferior

Ilustración 45: Vela Japonesa Bajista

8.3.   ¿Qué representan las velas japonesas?

Las velas japonesas representan, además del movimiento del precio, el sentimiento que hubo en ese periodo de tiempo. Los sentimientos son de codicia, cuando vemos un alza en los precios con velas de gran cuerpo verdes o huecas, miedo cuando vemos una baja en los precios con velas de gran cuerpo rojas o negras e incertidumbre cuando vemos velas pequeñas o velas de indecisión.

Ilustración 46: Sentimientos del mercado

La lectura de velas japonesas junto con su contexto del precio es mucho más potente para tomar decisiones de entrada o salida. También es importante comprender que cada vela japonesa indica una lucha de fuerzas entre compradores y vendedores, y estos sentimientos se verán reflejados en los gráficos.

8.4. Tipos de Velas Japonesas.

Las velas japonesas pueden clasificarse según su manifestación y según su forma. Dentro de ese conjunto podemos encontrar los tipos de patrones alcistas, bajistas y neutrales. También podemos identificar las velas más comunes que aparecen en el gráfico.

Alcistas: + Demanda   **Bajistas:** + Oferta

Indecisión: Equilibrio

Ilustración 47: Tipos de Velas Japonesas

Existen un gran número de velas y combinaciones posibles, a continuación, se describen solo las velas y los patrones básicos más importantes para iniciar a operar en el Trading.

8.4.1. Velas Japonesas alcistas

Las velas japonesas alcistas, también conocidas como velas de demanda o compra, son velas que denotan mucho interés comprador. Estas velas localizadas en zona de soporte relevante serán una buena señal para rebote.

- **Vela Martillo**

  Una vela martillo o *hammer* se produce cuando el precio de un activo baja significativamente por debajo de su precio de apertura, pero cierra por encima de este. Esta vela tiene forma de martillo, y su cuerpo tiene al menos la mitad del tamaño de la mecha o sombra inferior. Si previamente existe una tendencia definida bajista, los martillos indican un posible cambio de tendencia, y más si están en el nivel de soporte.

- **Vela corpulenta verde (hueca)**

  Una vela de gran cuerpo verde o hueca se produce cuando el precio de cierre es mucho más alto que el precio de apertura. Esta vela denota mucha intensión compradora ya que apenas tiene mecha o sombra inferior o superior, lo que significa que el precio se estuvo cotizando cada vez más arriba en ese lapso de tiempo. Si existe una tendencia alcista previa, estas velas indican posible continuación de tendencia. Si se forman en soporte relevante indican un posible rebote.

8.4.2. Velas Japonesas bajistas

Las velas japonesas bajistas, también conocidas como velas de oferta o venta, son velas que denotan mucho interés vendedor. Estas velas formadas en zona de resistencia relevante serán una buena señal para retroceso o caída del precio.

- **Vela de martillo invertido**

Lo mismo que sucede con las velas martillo en soporte, ocurre con las velas martillo invertido en resistencia. El precio estuvo cotizándose a niveles superiores, pero retrocedió dejando una larga cola de techo o mecha superior. Si existe una tendencia previa alcista y se forma una vela martillo es señal de posible cambio de tendencia. Si se forma en resistencia es mucho más potente.

- **Vela corpulenta roja (negra)**

Una vela de gran cuerpo roja o negra se produce cuando el precio de cierre es mucho más abajo que el precio de apertura. Esta vela denota mucha intensión vendedora ya que apenas tiene cola o mecha inferior o superior, lo que significa que el precio se estuvo cotizando cada vez más abajo en ese lapso de tiempo. Si existe una tendencia bajista previa, estas velas indican posible continuación de tendencia. Si se forman en resistencia relevante indican un posible retroceso o caída del precio.

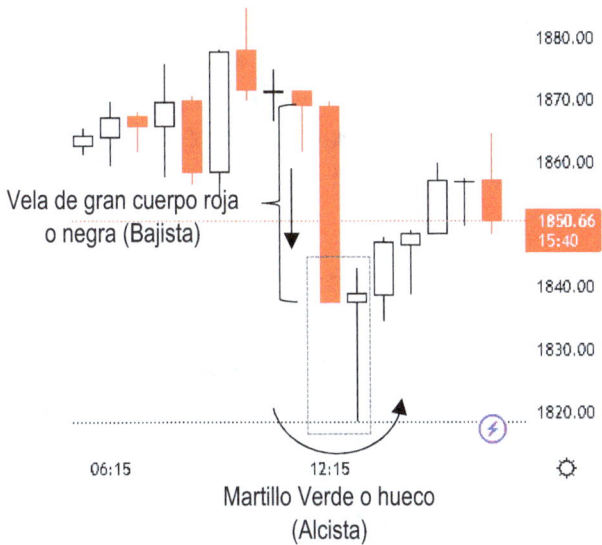

Ilustración 48: Ejemplo con Velas 01

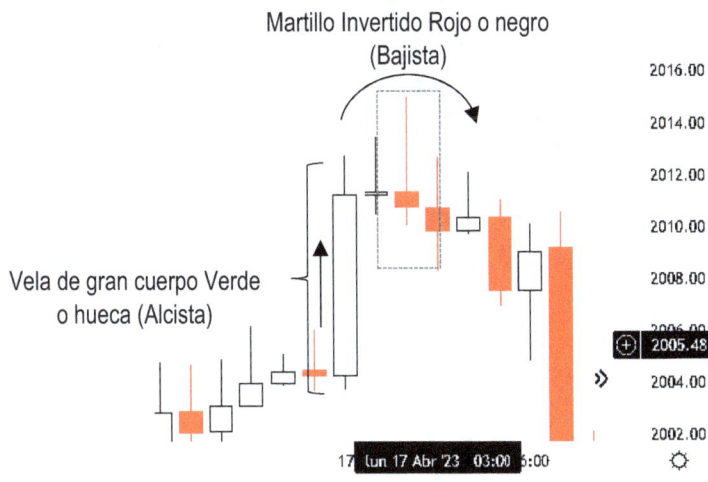

Ilustración 49: Ejemplo con Velas 02

8.4.3. Velas Japonesas neutrales

Las velas neutrales son señal de que tanto compradores como vendedores no tienen una idea clara de hacia dónde irá el precio y ha habido indecisión o neutralidad.

- ### Velas *Doji*

Una Vela *doji* se forma cuando el precio de apertura y cierre son iguales. Podemos decir que tanto los compradores como vendedores no ganaron la batalla en ese lapso de tiempo y hubo un empate. Una vela doji puede indicar un cambio de tendencia o cambio temporal si ocurre cuando el precio ya ha venido subiendo por un largo rato. Lo mismo ocurre para el lado bajista. Las *dojis* suelen actuar en zonas de resistencia.

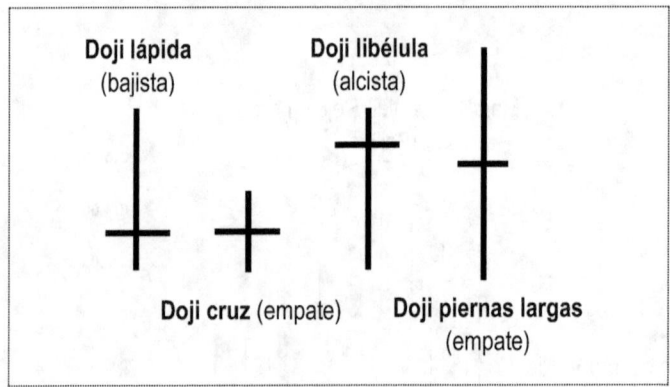

Ilustración 50: Velas Doji

- **Velas de cuerpo pequeño**

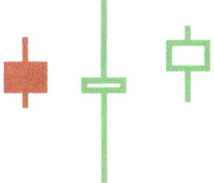

Ilustración 51: Velas pequeñas

Las velas de cuerpo pequeño "*Spinning Top*" o Peonzas son velas donde el precio no ha sufrido gran cambio en su cotización y denotan desaceleración en la tendencia previa, poca fuerza, poco volumen y poco dinero en el mercado. En caso de tener largas mechas o sombras a ambos lados es un claro síntoma de indecisión.

- Criterios: El color no importa
- Implicaciones: La tendencia previa pierde fuerza
- Alta probabilidad de cambio en la tendencia.

Tanto las Dojis coma las peonzas tienen implicaciones similares, cuando aparezcan demasiadas de estas al interior de una tendencia, probablemente carezcan de importancia, tienen fuerza al final de un rango lateral.

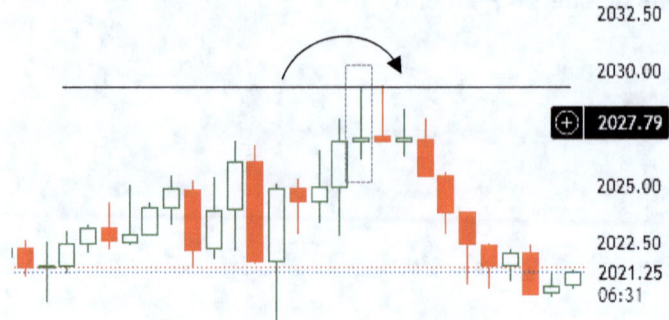

Ilustración 52: Ejemplo Velas 03

En la imagen vemos como la tendencia alcista lleva el precio a una zona de resistencia, marcada con una línea negra. La vela que llega a la resistencia es una vela de indecisión lo cual indica un posible cambio en la tendencia a bajista.

8.5. Patrones Básicos de Velas Japonesas

8.5.1. Patrones de Velas Envolventes

- Envolvente bajista (*Bearish Engulfing*)

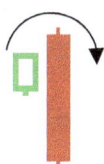

Esta vela, como se indica en su título, se forma cuando envuelve completamente el cuerpo de la vela alcista anterior y preferiblemente toda la vela, incluyendo las mechas o sombras, aunque esto último no es indispensable. La vela envolvente puede absorber a más de una vela, pero para ser considerada una vela envolvente, al menos una vela debe ser consumida por completo. Este patrón nos indica que los vendedores tienen el control del mercado.

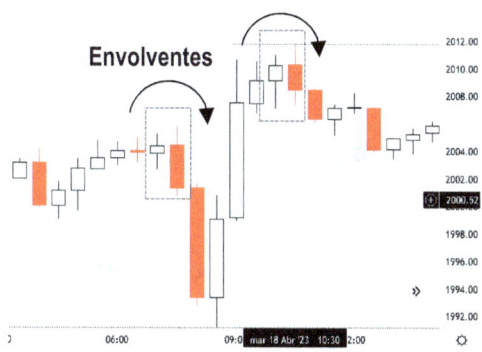

Ilustración 53: Ejemplo con Velas 04

▪ Envolvente alcista (*Bullish engulfing*)

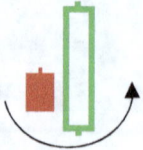

La vela envolvente alcista se forma cuando envuelve completamente el cuerpo de la vela bajista anterior y preferiblemente toda la vela, incluyendo las mechas o sombras, aunque esto último no es indispensable. Este patrón nos dice que el mercado ya no está bajo el control de los vendedores.

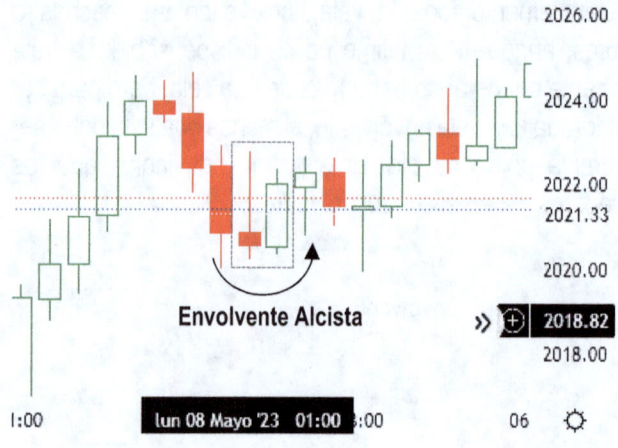

Ilustración 54: Ejemplo con Velas 05

8.5.2. Patrones de "*Harami*" o embarazadas

El patrón de "*Harami*" (embarazada en japonés) consta de dos velas, la primera con un cuerpo grande, se le llama vela madre, seguida por una vela con un cuerpo pequeño llamada bebé, estando la segunda vela completamente envuelta por la primera y se utiliza principalmente como patrón de reversión al final de una tendencia. Hay cuatro combinaciones posibles:

- **Alcista- Alcista**

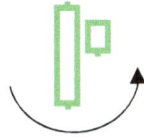

Al final de una tendencia bajista, revierte el sentido al alza.

- **Alcista- Bajista**

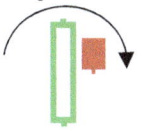

Al final de una tendencia alcista, revierte el sentido a la baja.

- **Bajista- Alcista**

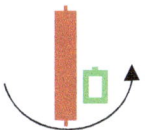

Al final de una tendencia bajista, revierte el sentido al alza.

- **Bajista - Bajista**

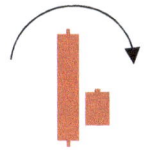

Al final de una tendencia alcista, revierte el sentido a la baja.

No importa cuál sea la combinación, todas ellas son consideradas como patrones de cambio de tendencia y la dirección de este cambio viene dado por la tendencia previa.

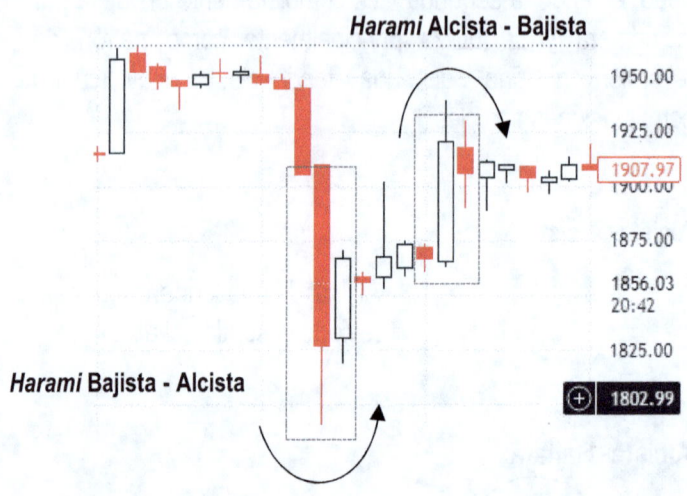

Ilustración 55: Ejemplo con Velas 06

8.5.3. Patrones de Estrella de la Mañana y del Atardecer

▪ **Estrella de la mañana** *(Morning star)*

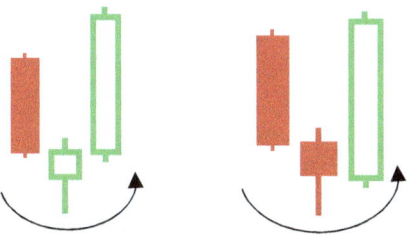

El patrón de estrella de la mañana se considera como un patrón de reversión alcista y se produce en una tendencia bajista. Se compone de tres velas: la primera vela es bajista, lo que indica que los vendedores todavía están dominando en el mercado, la segunda vela es pequeña y nos dice que empieza a haber indecisión en el mercado (esta vela puede ser alcista o bajista), la tercera vela es alcista y de gran cuerpo, iniciando la reversión de la tendencia.

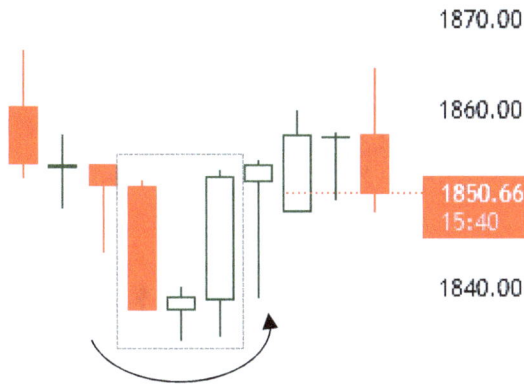

Ilustración 56: Ejemplo con Velas 07

- **Estrella del atardecer** *(Evening star)*

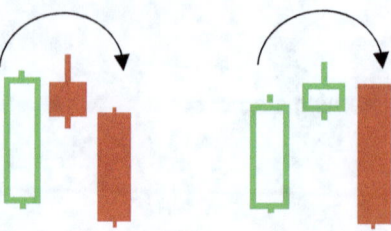

El patrón de estrella del atardecer se considera como un patrón de reversión bajista y se produce en una tendencia alcista. El patrón consta de velas: La primera vela es alcista, la segunda vela es pequeña, puede ser alcista o bajista y la tercera vela es una gran vela bajista.

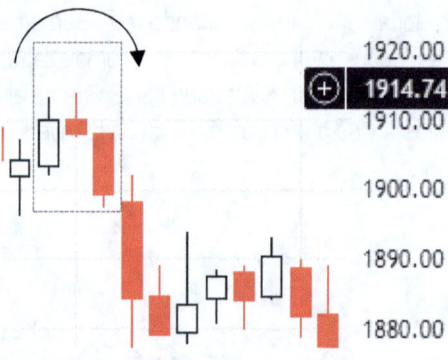

Ilustración 57: Ejemplo con Velas 08

8.5.4. Patrones Dragonfly Doji

Ilustración 58: Patrones Dragonfly - Doji

La cola inferior nos dice que las fuerzas de la oferta y la demanda se acercan a un equilibrio y que la dirección de la tendencia puede estar acercándose a un importante punto de reversión. Cuando ocurre en una tendencia a la baja, se interpreta como una señal de reversión alcista.

9. PATRONES DE VELAS JAPONESAS REPOTENCIADOS

Los patrones de velas japonesas repotenciados están basados, en el método de la "Vela Maestra", presentado por el profesor uruguayo Gabriel Montalto, aunque con algunas variaciones y recomendaciones que se enseñaran a continuación.

Estos patrones son sumamente efectivos, especialmente para marcos de tiempo entre dos horas y un día, por lo que entrarían como estrategias a utilizar dentro del *Trading* Diario y Semanal (*Day Trading & Swing*) mencionados en el segundo capítulo.

Dependiendo del tipo de activo, sus ciclos temporales y salvo ciertas excepciones, especialmente de tipo geopolítico o macroeconómico, que siempre se deben de considerar antes de una operación, los patrones repotenciados pueden tener cerca de un 80% de probabilidad de éxito; su correcta utilización, apoyo de otros patrones y líneas de tendencia, tales como los presentados en el tercer el capítulo de este libro, pueden ayudar a aumentar este porcentaje.

9.1.   Gran Envolvente

La GE (Gran Envolvente) es una enorme vela japonesa, con un gran cuerpo, que no solo envuelve la vela anterior, como las envolventes presentadas en el capítulo 5, sino que logra envolver con su cuerpo varias velas seguidas, anteriores a ella en el tiempo, y cuya *cantidad* recomendada, *depende* del *Marco temporal de operación* (9.1.1)*. Una vez completado el primer paso de envoltura, la GE puede activarse tanto al alza como a la baja, por lo que el sentido de activación dependerá de la primera vela que logré cerrarse por fuera, ya sea del límite superior o inferior, del rango formado por la GE, en este caso activada al a la baja, como se aprecia en el siguiente gráfico, con velas de 1 hora, del índice bursátil HK50:

Ilustración 59: Gran Envolvente

9.1.1. Ecuación Marco Temporal (MT) vs Velas (V):

$$V = 8.23 - 1.04 \times Ln(MT_H)$$

Marco Temporal (MT)		Velas (V)	Velas
1	H	8,23	8
90	Min	7,81	8
2	H	7,51	8
3	H	7,09	7
4	H	6,79	7
6	H	6,37	6
8	H	6,07	6
9	H	5,94	6
12	H	5,65	6
18	H	5,22	5
1	D	4,92	5
2	D	4,20	4
3	D	3,78	4
1	S	2,90	3

La caída del precio, midiéndose a partir del límite inferior, una vez activada la GE, puede oscilar entre un 75% y un 125% de su tamaño total, o incluso más, dependiendo del grado de volatilidad del activo.

9.1.2. Operación de *Trading* en corto (*short*) con GE

Tal como se ilustra en el siguiente gráfico, de continuación del anterior, a forma de espejo, el precio logra bajar aprox. el mismo tamaño de la GE completa, a partir del límite inferior, formado por el precio mínimo de sí misma, llegando al suelo de 19520.

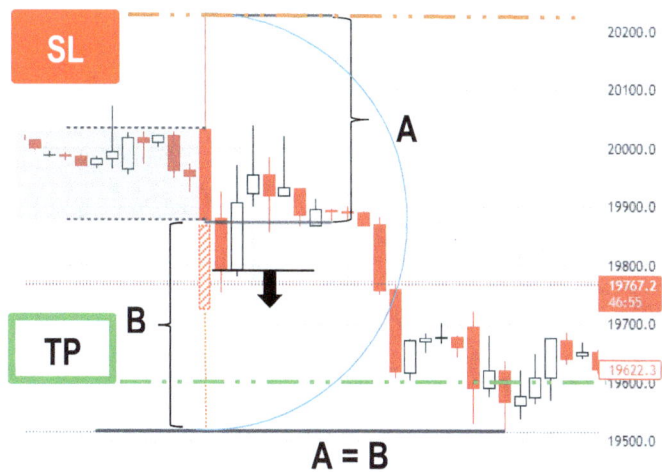

Ilustración 60: Ejemplo con Velas 09

Una vez activada la GE, puede abrirse una operación en corto (*short*), o venta, programándose el TP (*Take Profit*) o toma de ganancia, por debajo del precio mínimo, con un radio del 75% del tamaño de la GE que, para este ejercicio, sería a un valor aprox. de 19600 US. El SL (*Stop Loss*) se aconseja programarlo, luego de la activación, en el precio máximo de la GE, valor en el que se desactiva la GE, que para este ejercicio estaría en un valor un poco por encima de los 20.200 US.

9.1.3. Operación de *Trading* en largo (*long*) con GE

En el gráfico inferior, del futuro y *commoditie* Gas Natural, con velas de 2 horas, el precio logra subir incluso por encima del tamaño del espejo de la GE completa, formado a partir del límite superior:

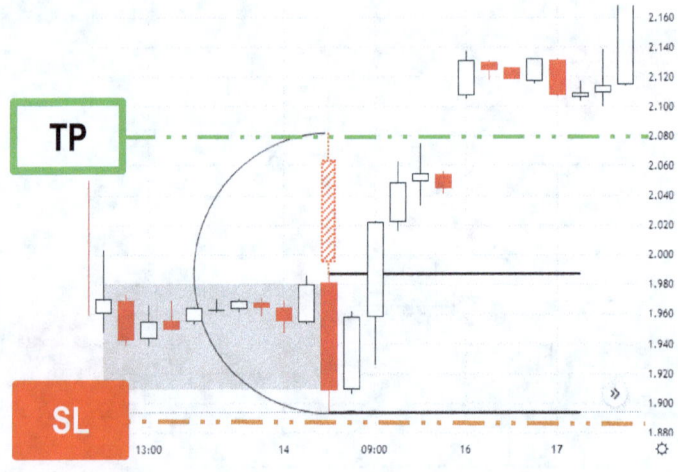

Ilustración 61: Ejemplo con Velas 10

Una vez activada la GE, puede abrirse una operación en largo (*long*), o compra, programándose el TP (*Take Profit*) o toma de ganancia, por encima del precio máximo, dentro del rango, para este ejercicio, se escogió en 2.08 US. El SL (*Stop Loss*) se aconseja programarlo, en el precio mínimo de la GH, valor en el que se desactivaría la GH, que para este ejercicio estaría en 1.89 US.

9.2. Gran Harami

La GH (Gran *Harami*) es una enorme vela japonesa, con un gran cuerpo, que no solo cubre la siguiente vela, como las *Haramis* (embarazadas) presentadas en el capítulo anterior, sino que logra cubrir con su cuerpo varias velas seguidas, posteriores a ella en el tiempo, y cuya *cantidad* recomendada, *depende* del *Marco temporal de operación* (9.1.1)*. Una vez completado el primer paso de gestación o cobertura, la GH puede activarse tanto al alza, como a la baja, por lo que el sentido de activación dependerá de la primera vela que logré cerrarse por fuera, ya sea del límite superior o inferior, del rango formado por la GH, en este caso activada al a la baja, como se aprecia en el siguiente gráfico, con velas de 4 horas, de la criptomoneda *Etherum* (ETH):

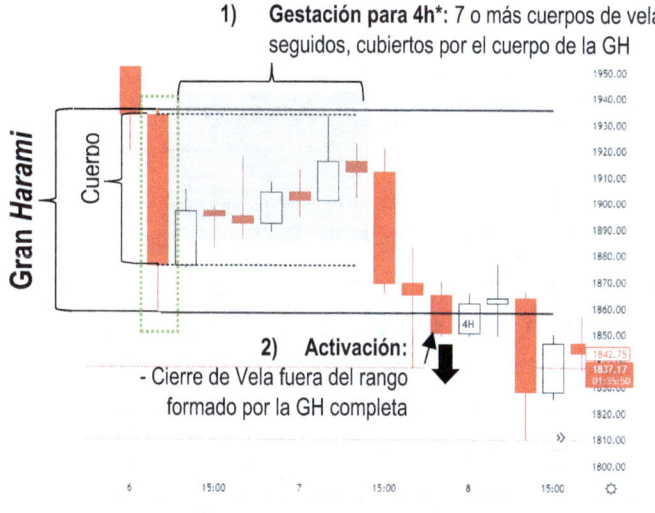

Ilustración 62: Gran Harami

La caída del precio, midiéndose a partir del límite inferior, una vez activada la GH, puede oscilar entre un 75% y un 125% de su tamaño total, o incluso más, dependiendo del grado de volatilidad del activo.

9.2.1. Operación de *Trading* en corto (*short*) con GH

En el siguiente gráfico, de continuación del anterior, en forma de espejo, el precio logra bajar aprox. el mismo tamaño de la GH completa, a partir del límite inferior, incluso rompiendo el suelo por debajo de los 1780 US.

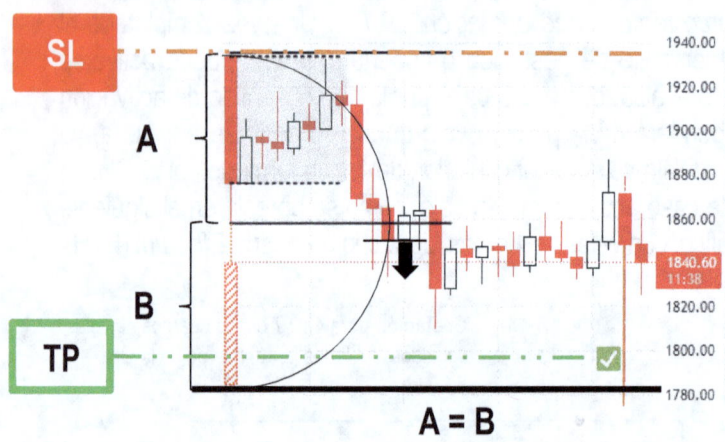

Ilustración 63: Ejemplo con Velas 11

Una vez activada la GH, puede abrirse una operación en corto (*short*), o venta, programándose el TP (*Take Profit*) o toma de ganancia, por debajo del precio mínimo, con un radio del 75% del tamaño de la GH que, para este ejercicio, sería a un valor aprox. de 1895 US. El SL (*Stop Loss*) se aconseja programarlo, en el precio máximo de la GH, valor en el que se desactivaría la GH, que para este ejercicio estaría en 1935 US.

9.2.2. Operación de *Trading* en largo (*long*) con GH

En el gráfico inferior, del futuro del *commoditie* ORO, con velas de 4 horas, **el precio logra subir incluso por encima del tamaño del espejo de la GE completa**, formado a partir del límite superior:

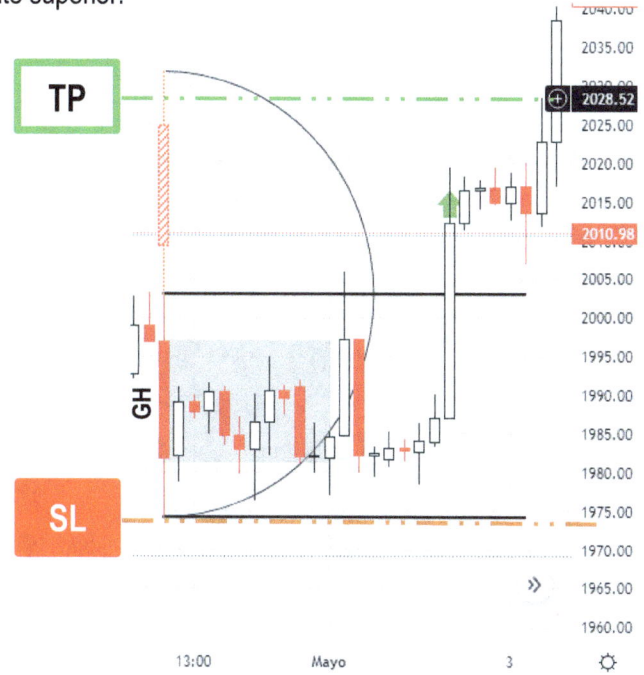

Ilustración 64: Ejemplo con Velas 12

Una vez activada la GH, puede abrirse una operación en largo (*long*), o compra, programándose el **TP** (*Take Profit*) o toma de ganancia, por encima del precio máximo, dentro del rango, para este ejercicio, se escogió en 2028 US. El **SL** (*Stop Loss*) se aconseja programarlo, en el precio mínimo de la GH, valor en el que se desactivaría la GH, que para este ejercicio estaría en 1974 US.

BIBLIOGRAFÍA

Alvarado Rashid "ABC del Trading" 2022 [Videos] YouTube
https://academia.abcdeltrading.com/

Arciniegas Germán "Biografía del Caribe" Planeta 1993

Brook Timothy "The Troubled Empire: China in the Yuan and Ming Dynasties (History of Imperial China)" Harvard University Press 2010

De Luis Alejandro "Trading ¿Cómo hacer una mesa con tres patas?" Ediciones de la U Bogotá 2016

Douglas Mark "Trading en la zona". Valor Editions 2009

Elder Alexander "El Nuevo Vivir del trading" Ediciones Obelisco, S.L. 2017

Graham Benjamin "El Inversor Inteligente" Deusto 2012

Iggulden Conn "Genghis Birth of an Empire" Bantam Books 2010

Livermore Jesse "How to Trade in Stocks" Mcgraw-Hill Companies 2006

Montalto Gabriel "Academia de Negocios TV – 2º ciclo" 2022 [Videos] YouTube
https://www.youtube.com/@NegociosTV

Murphy Jhon J. "Análisis Técnico de los Mercados Financieros" New York Institute of Finance 2016

Nison Steve "Las Velas Japonesas: una guía contemporánea de las antiguas técnicas de inversión de Extremo Oriente" Valor Editions 2014

Toffler Alvin "La Tercera Ola" Plaza & Janez 1980

Yergon Daniel "The Prize: The Epic Quest for Oil, Money & Power" Free Press 2008

Wells H. G. "Breve Historia del Mundo" Aguilar 1959

"Investing" https://es.investing.com/

"Trading View Tutorial" [Videos] Trading View 2021 a 2023
https://es.tradingview.com/education/tutorial/

www.ingramcontent.com/pod-product-compliance
Lightning Source LLC
Chambersburg PA
CBHW062330290526
45794CB00005B/1978